U1075749

伟大历程　辉煌成就

英雄模范人物

庆祝中华人民共和国成立 70 周年
大型成就展领导小组办公室

扫码观看网上展馆

前　言

天地英雄气，千秋尚凛然。

一个有希望的民族不能没有英雄，一个有前途的国家不能没有先锋。在新中国70年筚路蓝缕的奋斗史上，涌现出无数感天动地的英雄模范。他们用智慧和汗水甚至鲜血和生命，为国家富强、民族振兴、人民幸福书写了可歌可泣的壮丽篇章；他们的不懈奋斗、顽强拼搏，成为时代进步的精神坐标；他们的忘我工作、无私奉献，汇聚成国家发展的磅礴力量。

庆祝中华人民共和国成立70周年大型成就展，展示了新中国成立70年来118位英雄模范个人和11个英雄模范群体的历史功绩。舍生忘死堵枪眼的黄继光，“宁肯少活二十年，拼命也要拿下大油田”的王进喜，“县委书记的榜样”焦裕禄，敢为天下先的小岗村人，32年如一日坚守孤岛、为国戍边的王继才，“做隐姓埋名人、干惊天动地事”的黄旭华……一个个响亮的名字永远镌刻在共和国史册上，在他们身上生动体现了中华民族精神和社会主义核心价值观，他们是民族的脊梁、时代的先锋、祖国的骄傲。

一切伟大成就都是接续奋斗的结果，一切伟大事业都需要在继往开来中推进。展望未来，中国人民将在英雄模范精神的激励下，与祖国同行、和时代共进，为夺取新时代中国特色社会主义伟大胜利、实现中华民族伟大复兴的中国梦贡献力量，用忠诚、用奋斗、用奉献书写更新更美的时代篇章。

目　录

英雄模范人物

1949—1959

黄继光

中国人民志愿军
第15军45师135团2营
通信员

邱少云

中国人民志愿军
第15军29师87团3营9连
战士

杨根思

中国人民志愿军
第20军58师172团3连
连长

罗盛教

中国人民志愿军
第47军141师侦察队
文书

毛岸英

中国人民志愿军
司令部俄语翻译，秘书

李延年

中国人民解放军
原54251部队副政治委员

王进喜

大庆油田1205钻井队
第三任队长

孟　泰

鞍山钢铁公司炼铁厂
原副厂长，工会原副主席

向秀丽

广东省广州市
何济公制药厂工人

时传祥

北京市原崇文区清洁队
工人

张秉贵

北京市百货大楼
售货员

马寅初

北京大学原校长，人口学家

林巧稚

北京协和医院
妇产科原主任，中国医
学科学院原副院长

西安交通大学“西迁人”爱国奋斗先进群体

容国团

著名乒乓球运动员，
国家运动健将

黄继光

中国人民志愿军第15军45师135团2营通信员

黄继光（1931年1月—1952年10月），男，汉族，中共党员，四川中江人，中国人民志愿军第15军45师135团2营通信员。在上甘岭战役中，黄继光带领两名战士执行爆破火力点的任务。在弹药用尽的情况下，黄继光忍着重伤剧痛，艰难地爬到地堡射孔，用胸膛堵住美军正在喷射的枪口，为部队冲锋扫清了道路，壮烈牺牲。1953年4月，志愿军总部给他追记特等功，并授予特级英雄荣誉称号。1953年6月，朝鲜民主主义人民共和国授予他朝鲜民主主义人民共和国英雄称号和金星奖章、一级国旗勋章。全军挂像英模。2009年当选100位新中国成立以来感动中国人物。

邱少云

中国人民志愿军第15军29师87团3营9连战士

邱少云（1926年7月—1952年10月），男，汉族，中共党员，四川铜梁（今划归重庆市）人，1949年12月入伍，中国人民志愿军第15军29师87团3营9连战士。1952年10月，在抗美援朝一次作战行动中，邱少云所在排潜伏在距敌前沿阵地60多米的草丛中，敌人突然发射侦察燃烧弹，飞迸的火星溅落在他的左腿上，燃着了棉衣、头发和皮肉。他身旁就是水沟，但为了不暴露潜伏部队，他严守纪律，一声不吭、一动不动，直至壮烈牺牲。1953年4月，志愿军总部授予他一级英雄称号，并追记特等功。1953年6月，朝鲜民主主义人民共和国授予他朝鲜民主主义人民共和国英雄称号和金星奖章、一级国旗勋章。全军挂像英模。2009年当选100位新中国成立以来感动中国人物。

杨根思

中国人民志愿军第20军58师172团3连连长

杨根思（1922年11月—1950年11月），男，汉族，中共党员，江苏泰兴人，1944年入伍，中国人民志愿军第20军58师172团3连连长。1950年11月29日，在坚守长津湖畔1071.1高地东南侧小高岭战斗中，他率部打退美军8次进攻，在最后只剩下他一人时，毅然抱起炸药包冲向敌群，壮烈牺牲。1951年12月，志愿军总部命名其生前所在连为“杨根思连”。1952年5月，志愿军总部给他追记特等功，并授予他特级英雄荣誉称号。1953年6月，朝鲜民主主义人民共和国授予他朝鲜民主主义人民共和国英雄称号和金星奖章、一级国旗勋章。2009年当选100位新中国成立以来感动中国人物。

罗盛教

中国人民志愿军第47军141师侦察队文书

罗盛教（1931年4月—1952年1月），男，汉族，湖南新化人，1949年入伍，中国人民志愿军第47军141师侦察队文书。1952年1月，朝鲜少年崔莹在冰河上滑冰时，压碎冰块跌进冰窟。正在练习投弹的罗盛教听到求救声后跳进冰窟实施救助，反复几次将崔莹推出水面，因冰层太薄都失败，最后他使尽全力用头成功将崔莹顶出水面，自己却因体力耗尽壮烈牺牲。1952年3月，被志愿军总部追记特等功，并授予一级爱民模范荣誉称号。1953年6月，被朝鲜民主主义人民共和国授予一级国旗勋章和一级战士荣誉勋章。2009年当选100位新中国成立以来感动中国人物。

毛岸英

中国人民志愿军司令部俄语翻译，秘书

毛岸英（1922年10月—1950年11月），男，汉族，中共党员，湖南韶山人，1950年加入中国人民志愿军，中国人民志愿军司令部俄语翻译和秘书。8岁时，由于母亲杨开慧被捕入狱，他被敌人关进牢房。杨开慧牺牲后，中共地下党组织安排毛岸英和两个弟弟到上海。由于地下党组织遭到破坏，毛岸英兄弟流落街头。1936年，毛岸英被安排到苏联学习，后来参加了苏联卫国战争。1946年，毛岸英回到延安，同年加入中国共产党。他在解放区搞过土改，做过宣传工作，当过秘书。新中国成立初期，担任过工厂的党支部副书记。1950年，新婚不久的毛岸英主动请求参加抗美援朝战争，11月25日上午，美空军轰炸机在志愿军司令部上空投下几十枚凝固汽油弹，正在作战室紧张工作的毛岸英壮烈牺牲，年仅28岁。2009年当选100位新中国成立以来感动中国人物。

李延年

中国人民解放军原54251部队副政治委员

李延年（1928年11月—），男，汉族，中共党员，河北昌黎人，1945年10月入伍，中国人民解放军原54251部队副政治委员。先后参加解放战争、湘西剿匪、抗美援朝战争、对越自卫反击战等大小战斗20多次。1951年1月，李延年随志愿军第47军418团入朝作战，时任3营7连指导员。同年10月8日，在美军发起的秋季攻势中，3营奉命反击失守的346高地。在连长代理营参谋长、副连长和副指导员负伤的情况下，李延年既当指挥员也当战斗员，带领部队连续攻占阵地、打退美军数次反扑，毙伤美军636人，创造了以少数兵力取得进攻和防御战斗胜利的成功战例。1952年被志愿军总部授予一级战斗英雄荣誉称号，荣立特等功1次。2019年被授予共和国勋章。

王进喜

大庆油田1205钻井队第三任队长

王进喜（1923年10月—1970年11月），男，汉族，中共党员，甘肃玉门人，曾任大庆油田1205钻井队第三任队长、大庆油田钻井指挥部副指挥。他率领1205钻井队“有条件要上，没有条件创造条件也要上”，人拉肩扛运钻机、破冰端水保开钻、勇跳泥浆池制井喷，以“宁肯少活二十年，拼命也要拿下大油田”的顽强意志和冲天干劲，打出了大庆石油会战第一口油井，创造了年进尺10万米的世界钻井纪录。他把一生献给了我国石油工业，为新中国社会主义建设作出了突出贡献，被誉为“铁人”。铁人精神成为中华民族的宝贵精神财富。荣获全国劳动模范称号。2009年当选100位新中国成立以来感动中国人物。

孟　泰

鞍山钢铁公司炼铁厂原副厂长，工会原副主席

孟泰（1898年8月—1967年9月），男，汉族，中共党员，河北丰润人，鞍山钢铁公司炼铁厂原副厂长，工会原副主席。他爱厂如家、艰苦奋斗，常常在炼铁高炉旁奋战几十个昼夜不回家，从泥土中挖出旧备件上万件，建立起闻名全国的“孟泰仓库”，为鞍钢在新中国成立初期迅速恢复生产建设和发展作出重大贡献；他攻坚克难、勇于担当，解决了大量生产技术难题，率先发起成立工人技术协作协会，使鞍钢成为新中国“技术革新、技术革命和合理化建议”活动的发源地。当选第一届、二届、三届全国人大代表。荣获全国劳动模范称号。2009年当选100位新中国成立以来感动中国人物。

向秀丽

广东省广州市何济公制药厂工人

向秀丽（1933年5月—1959年1月），女，汉族，中共党员，广东清远人，广东省广州市何济公制药厂工人。1958年12月13日晚，所在车间因酒精瓶破裂起火，危及烈性易爆的金属钠，为避免金属钠爆炸引起整个厂区和附近居民区的重大火灾，她用自己的血肉之躯截住正在燃烧的酒精，避免了严重爆炸事故的发生，不幸因伤势过重，英勇牺牲，献出了年仅26岁的生命，被誉为“党的好女儿”，被广州市人民政府追认为革命烈士。2009年当选100位新中国成立以来感动中国人物。

时传祥

北京市原崇文区清洁队工人

时传祥（1915年1月—1975年5月），男，汉族，中共党员，山东齐河人，北京市原崇文区清洁队工人。作为一名掏粪工，他以“宁愿一人脏，换来万家净”的崇高精神，在平凡的环卫岗位上无私奉献一生，为首都的环卫事业作出了不平凡的贡献。他立志自己一生投身环卫事业，通过技术革新增加掏粪量，帮助青年人树立“工作无贵贱、行业无尊卑”、一心一意为人民服务的思想，以崇高品质赢得了全社会的尊重，向人们生动诠释了劳动的光荣和生命的价值。当选第三届全国人大代表。荣获全国劳动模范称号。2009年当选100位新中国成立以来感动中国人物。

张秉贵

北京市百货大楼售货员

张秉贵（1918年12月—1987年9月），男，汉族，中共党员，北京市人，北京市百货大楼售货员。他30多年接待顾客数百万人，全心全意为顾客服务，被誉为“燕京第九景”。他总结出站好柜台要做到五点：精神饱满、思想集中、耳目灵敏、抬头售货、动作“三快”；总结出“接一、问二、联系三”的售货法，刻苦练就称糖“一抓准”、算账“一口清”的绝技；将自己几十年如一日满腔热情的服务精神归纳概括为“一团火精神”，响亮地提出“心有一团火、温暖顾客心”。当选中共十一大代表，第五届、六届全国人大代表。荣获全国劳动模范称号。2009年当选100位新中国成立以来感动中国人物。

马寅初

北京大学原校长，人口学家

马寅初（1882年6月—1982年5月），男，汉族，无党派人士，浙江嵊州人，北京大学原校长，著名经济学家、人口学家和教育学家，第一届、二届全国人大常委会委员，第一届、三届全国政协委员，第二届、四届全国政协常委。马寅初毕生从事经济学教学与研究工作，为国民经济综合平衡、稳定物价、控制人口等重大问题献计献策，为国家经济建设和经济科学、人口科学学科建设作出卓越贡献。他一生热爱祖国，坚持真理，追求进步，是中国共产党的诤友。新中国成立后，他在社会主义革命和建设中，特别是在发展我国文化教育和经济事业方面作出了重要贡献。他认真严谨的治学态度和坚持真理的无私精神，为后辈学人树立了榜样。1993年荣获首届中华人口奖特别荣誉奖。

林巧稚

北京协和医院妇产科原主任，中国医学科学院原副院长

林巧稚（1901年12月—1983年4月），女，汉族，无党派人士，福建厦门人，北京协和医院妇产科原主任，中国医学科学院原副院长，著名临床医学家和医学教育家，中国科学院首届学部委员。她对胎儿宫内呼吸窘迫、女性生殖道结核、滋养细胞肿瘤和其他妇科肿瘤进行研究，对新生儿溶血症诊治成功，为新中国妇产科学的创建和发展倾注了大量心血，筹建北京妇产医院，亲手接生了5万多个孩子，带头主编科普读物，为我国妇产科学界培养了一代又一代优秀接班人，造福了亿万妇女儿童。当选第一届至第五届全国人大代表。荣获全国三八红旗手称号。2009年当选100位新中国成立以来感动中国人物。

容国团

著名乒乓球运动员，国家运动健将

容国团（1937年8月—1968年6月），男，汉族，中共党员，广东珠海人，著名乒乓球运动员，国家运动健将。容国团从小学习乒乓球，15岁时即代表香港工联乒乓球队参加比赛。1958年被选入广东省乒乓球队，立下“三年夺取世界冠军”的誓言。随后被选为国家集训队队员。1959年，在第25届世界乒乓球锦标赛上，他先后战胜各国乒坛名将，为中国夺得了第一个乒乓球男子单打世界冠军。1961年，在第26届世乒赛上，他作为中国男子团体的主力队员夺取了中国第一个男子团体世界冠军。他作为中国女队教练，率队夺取了中国乒乓球第一个女子团体冠军。1984年被评为中华人民共和国成立35年来杰出运动员。2009年当选100位新中国成立以来感动中国人物。

西安交通大学“西迁人”爱国奋斗先进群体

1955年初，由于社会主义建设和国防建设的需要，同时为了改变旧中国遗留下来的高等教育布局不合理的现状，支持西部地区经济社会发展，国务院决定交通大学从上海内迁西安。2017年12月，习近平总书记对15位交大老教授的来信作出重要指示：“向当年响应国家号召，献身大西北建设的交大老同志们致以崇高的敬意。祝大家健康长寿、晚年幸福。也希望西安交通大学师生传承好西迁精神，为西部发展、国家建设奉献智慧和力量。”2018年8月，中组部、中宣部在广大知识分子中深入开展“弘扬爱国奋斗精神、建功立业新时代”活动，大力弘扬西安交通大学“西迁人”爱国奋斗先进群体的崇高精神。

英雄模范人物

1960—1969

雷　锋

原工程兵工程第10团
汽车连班长

王　杰

中国人民解放军
原73081部队工兵营
1连5班班长

焦裕禄

河南省兰考县委原书记

谷文昌

福建省东山县委原书记

麦贤得

中国人民解放军
原91708部队副部队长

李四光

中国科学院原副院长，
地质学家

红旗渠建设者

草原英雄小姐妹
龙梅、玉荣

冷鹏飞

中国人民解放军
原81032部队副军职
调研员

邢燕子

天津市北辰区人大常委会
原副主任

雷　锋

原工程兵工程第10团汽车连班长

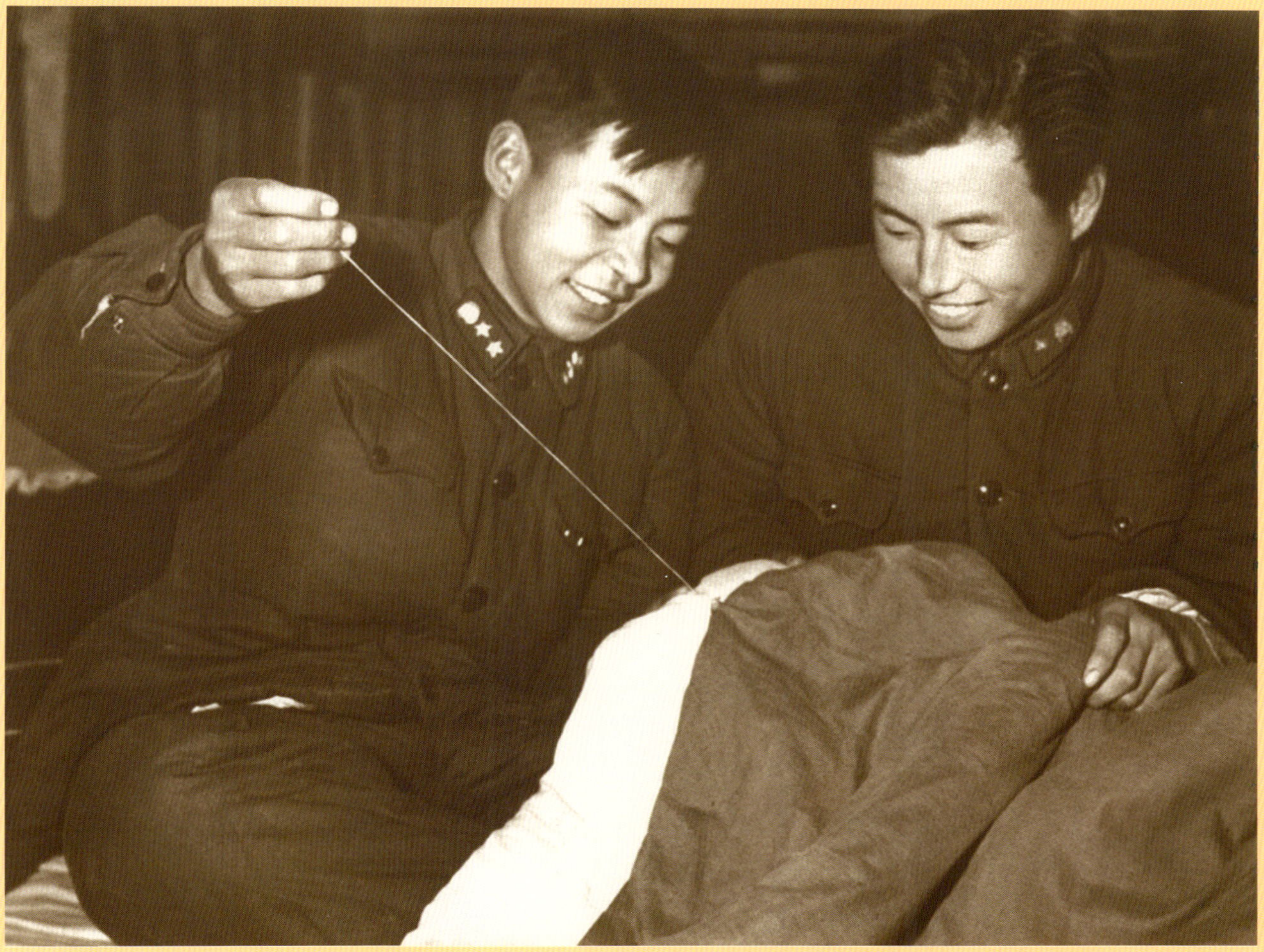

雷锋（1940年12月—1962年8月），男，汉族，中共党员，湖南望城人，原工程兵工程第10团汽车连班长。他曾参加沩水工程、团山湖农场和鞍钢的建设，多次被评为劳动模范和先进生产者。1960年参加中国人民解放军，在入伍不到3年的时间里，荣立二等功1次、三等功2次，被评为节约标兵，荣获模范共青团员称号。1961年担任班长，被选为抚顺市人民代表。1962年8月15日因公殉职，年仅22岁。作为一名普通的中国人民解放军战士，他在短暂的一生中助人无数。1963年3月5日，毛泽东同志题词“向雷锋同志学习”。此后，3月5日被确定为学雷锋纪念日。国防部命名他生前所在班为“雷锋班”。全军挂像英模。2009年当选100位新中国成立以来感动中国人物。

王　杰

中国人民解放军原73081部队工兵营1连5班班长

王杰（1942年10月—1965年7月），男，汉族，中共党员，山东金乡人，1961年8月入伍，中国人民解放军原73081部队工兵营1连5班班长。1965年7月，王杰奉命到驻地执行训练民兵任务，在炸药发生意外爆炸的危急时刻，他毅然扑向炸点，用身体掩护12名民兵和人民武装部干部，英勇地献出了年轻的生命。毛泽东、周恩来、朱德等老一辈无产阶级革命家对他的先进事迹给予高度赞扬，号召全国人民学习王杰同志“一不怕苦、二不怕死”的革命精神。荣立三等功2次，荣获模范共青团员和一级技术能手称号。2009年当选100位新中国成立以来感动中国人物。

焦裕禄

河南省兰考县委原书记

焦裕禄（1922年8月—1964年5月），男，汉族，中共党员，山东淄博人，河南省兰考县委原书记。他时刻牢记党的宗旨，始终坚持群众路线，奋力改变兰考贫困面貌。他不畏艰险，强忍病痛，率领调查队迎沙尘、查风口，冒风雨、探水流，尝土壤、辨盐碱，带领全县人民与风沙、盐碱、内涝“三害”顽强斗争，用自己的实际行动塑造了一名优秀共产党员和优秀县委书记的光辉形象，铸就了“亲民爱民、艰苦奋斗、科学求实、迎难而上、无私奉献”的焦裕禄精神，被誉为“党的好干部”“人民的好公仆”。1964年5月14日因病去世，被追认为革命烈士。2009年当选100位新中国成立以来感动中国人物。

谷文昌

福建省东山县委原书记

谷文昌（1915年10月—1981年1月），男，汉族，中共党员，河南林州人，福建省东山县委原书记。他在福建省东山县工作14年间，带领东山县人民与风灾、旱灾抗争，植树造林，兴修水利，改善交通，发展生产，重文兴教，把一个风沙肆虐的荒岛变成生机盎然的东海绿洲，为经济建设和社会发展奠定了坚实的基础，赢得了东山十万民心。“文革”期间，他被下放到福建省宁化县河口公社红旗大队，带领当地百姓兴建隆陂水库、改良土壤实现水稻亩产上千斤，被当地百姓称为“谷满仓”。习近平总书记称赞他“在老百姓心中树立起一座不朽的丰碑”，是“四有”干部的典范、“县委书记的好榜样”。2009年当选100位新中国成立以来感动中国人物。

麦贤得

中国人民解放军原91708部队副部队长

麦贤得（1945年12月—），男，汉族，中共党员，广东饶平人，1964年3月入伍，中国人民解放军原91708部队副部队长。1965年“八六”海战中，时任南海舰队某水警区611艇机电兵的麦贤得，在头部中弹、脑浆外溢、神志半昏迷的情况下，坚持战斗长达3个小时，与全体参战官兵一起，击沉来犯国民党军舰“章江号”，被誉为钢铁战士，成为全国学习的模范。1966年2月23日，被国防部授予战斗英雄荣誉称号。2009年当选100位新中国成立以来感动中国人物，2017年获八一勋章，2019年被授予人民英雄国家荣誉称号。

李四光

中国科学院原副院长，地质学家

李四光（1889年10月—1971年4月），男，蒙古族，中共党员，湖北黄冈人，中国科学院原副院长，著名地质学家，曾担任全国政协副主席，中国科学院学部委员，苏联科学院外籍院士。新中国成立之际，李四光从英国秘密回国。先后在太行山、扬子江流域等地发现大量遗迹，用事实推翻了外国人“中国没有第四季冰川”的错误结论。创立地质力学，从理论上推翻了“中国贫油”的结论。1956年亲自主持石油普查勘探工作，发现了大庆、胜利等油田。2009年当选100位新中国成立以来感动中国人物。

红旗渠建设者

20世纪60年代，30万林县（今河南林州市）人民为改善恶劣生活条件，摆脱水源匮乏状况，坚持苦干10个春秋，仅仅靠着一锤、一铲、两只手，逢山凿洞、遇沟架桥，顶酷暑、战严寒，克服了难以想象的困难，在太行山悬崖峭壁上修成了纵横1500多公里的红旗渠。红旗渠的建成，形成了引、蓄、灌、提相结合的水利网，从根本上改变了当地人民的生存条件，促进了当地经济和社会事业的发展，孕育产生了“自力更生、艰苦创业、团结协作、无私奉献”的红旗渠精神。红旗渠至今仍然发挥着不可替代的重要作用，被林州人民称为“生命渠”“幸福渠”。

草原英雄小姐妹龙梅、玉荣

龙梅（1952年9月—），女，蒙古族，中共党员，辽宁阜新人，退休前任包头市东河区政协主席。

玉荣（1955年3月—），女，蒙古族，中共党员，辽宁阜新人，现任内蒙古自治区残疾人福利基金会理事长。

1964年2月9日，龙梅、玉荣这对蒙古族小姐妹年仅11岁和9岁，在零下37℃的严寒中放牧集体羊群时突遇暴风雪，她们追随羊群，与暴风雪搏斗了一昼夜，用生命保护了集体财产，但最终由于冻伤严重落下终身残疾，“草原英雄小姐妹”成为闻名全国的少年英雄。50多年来，草原英雄小姐妹在党的教育和关怀下，不忘初心，努力工作，以实际行动回馈祖国和人民。她们的英雄事迹鼓舞、激励了一代代青少年爱国爱家、奋发向上。2009年当选100位新中国成立以来感动中国人物。

冷鹏飞

中国人民解放军原81032部队副军职调研员

冷鹏飞（1933年1月—），男，汉族，中共党员，湖北浠水人，1956年2月入伍，中国人民解放军原81032部队副军职调研员。在边境作战中，时任营长的他组织炮火英勇还击，冷静指挥，左臂被打断后，用树枝夹绑住胳膊继续战斗，以顽强的毅力指挥部队与敌军激战9个小时，顶住了6次炮袭、3次进攻，与边防巡逻队密切协同，取得了胜利。被中央军委授予战斗英雄荣誉称号，2017年获八一勋章。

邢燕子

天津市北辰区人大常委会原副主任

邢燕子（1941年1月—），女，汉族，中共党员，天津市人，天津市北辰区人大常委会原副主任。1958年，邢燕子初中毕业后，积极响应党中央号召，回到家乡宝坻县司家庄村，立志改变农村落后面貌，做第一代有文化的农民。她和乡亲们打成一片，每天一起插秧苗、种高粱，带领女团员组成“燕子突击队”向荒洼要粮，3个月就给村里挣了3600多元，种下430亩高产麦，成为我国农村经济最困难时期“发奋图强、扎根农村、大办农业”的青年典型。曾先后5次受到毛泽东同志接见、13次受到周恩来同志接见。当选中共九大至十三大代表，第三届全国人大代表。2009年当选100位新中国成立以来感动中国人物。

英雄模范人物

1970—1979

“两弹一星”元勋

于 敏　王大珩　王希季　朱光亚　孙家栋　任新民　吴自良　陈芳允

陈能宽　杨嘉墀　周光召　钱学森　屠守锷　黄纬禄　程开甲　彭桓武

王淦昌　邓稼先　赵九章　姚桐斌　钱 骥　钱三强　郭永怀

华罗庚

民盟中央原副主席，
中国科学院原副院长，
数学家

陈景润

中国科学院
数学研究所研究员

袁隆平

国家杂交水稻工程技术
研究中心研究员

甘祖昌、龚全珍夫妇

林俊德

某基地研究员

马凤山

上海飞机研究所原所长，
运-10总设计师

申纪兰

山西省长治市平顺县
西沟村党总支原副书记

吕玉兰

河北省临西县东留善固村
“铁球”农业生产合作社
原社长，河北省农业厅
原副厅长

小岗村“大包干” 带头人

于　敏

王大珩

王希季

朱光亚

孙家栋

任新民

吴自良

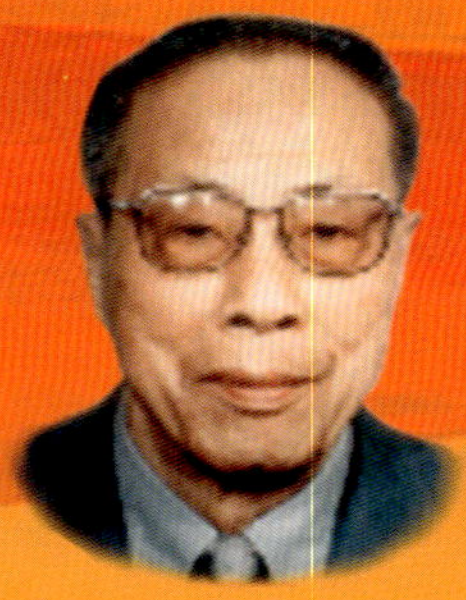

陈芳允

陈能宽

杨嘉墀

周光召

钱学森

屠守锷

黄纬禄

程开甲

“两弹一星”元勋

彭桓武

王淦昌

邓稼先

赵九章

姚桐斌

钱　骥

钱三强

郭永怀

20世纪50年代中期，以毛泽东同志为核心的第一代党中央领导集体，根据当时的国际形势，为了保卫国家安全、维护世界和平，高瞻远瞩，果断地作出了独立自主研制“两弹一星”的战略决策。大批优秀的科技工作者，包括许多在国外已经有杰出成就的科学家，怀着对新中国的满腔热爱，响应党和国家的召唤，义无反顾地投身到这一神圣而伟大的事业中来。1999年9月18日，在庆祝中华人民共和国成立50周年之际，党中央、国务院、中央军委决定，对当年为研制“两弹一星”作出突出贡献的23位科技专家予以表彰，并授予于敏（1926年8月—2019年1月）、王大珩（1915年2月—2011年7月）、王希季（1921年7月—）、朱光亚（1924年12月—2011年2月）、孙家栋（1929年4月—）、任新民（1915年12月—2017年2月）、吴自良（1917年12月—2008年5月）、陈芳允（1916年4月—2000年4月　）、陈能宽（1923年4月—2016年5月）、杨嘉墀（1919年7月—2006年6月）、周光召（1929年5月—）、钱学森（1911年12月—2009年10月）、屠守锷（1917年12月—2012年12月）、黄纬禄（1916年12月—2011年11月）、程开甲（1918年8月—2018年11月）、彭桓武（1915年10月—2007年2月）“两弹一星功勋奖章”，追授王淦昌（1907年5月—1998年12月）、邓稼先（1924年6月—1986年7月）、赵九章（1907年10月—1968年10月）、姚桐斌（1922年9月—1968年6月）、钱骥（1917年12月—1983年8月）、钱三强（1913年10月—1992年6月）、郭永怀（1909年4月—1968年12月）“两弹一星功勋奖章”（以上排名按姓氏笔画为序）。2019年于敏、孙家栋被授予共和国勋章，程开甲被授予人民科学家国家荣誉称号。这23位科技专家是人民共和国的功臣，是老一辈科技工作者的杰出代表，是新一代科技工作者的光辉榜样。

华罗庚

民盟中央原副主席，中国科学院原副院长，数学家

华罗庚（1910年11月—1985年6月），男，汉族，中共党员，民盟第四届、五届中央副主席，江苏金坛人，中国科学院原副院长，数学家，第六届全国政协副主席，中国科学院院士，美国科学院外籍院士。新中国成立后，华罗庚放弃美国一所大学终身教授的优厚待遇，克服重重困难回到祖国。在国际数学界享有盛誉，为中国当代数学发展及其应用作出重大贡献。荣获国家自然科学奖一等奖、陈嘉庚物质科学奖。2009年当选100位新中国成立以来感动中国人物。

陈景润

中国科学院数学研究所研究员

陈景润（1933年5月—1996年3月），男，汉族，无党派人士，福建福州人，中国科学院数学研究所研究员，中国科学院学部委员。他在逆境中潜心学习，忘我钻研，取得解析数论研究领域多项重大成果。1973年在《中国科学》发表了“1+2”详细证明，引起世界巨大轰动，被公认是对“哥德巴赫猜想”研究的重大贡献，是筛法理论的光辉顶点，国际数学界称之为“陈氏定理”，至今仍在“哥德巴赫猜想”研究中保持世界领先水平。他的先进事迹和奋斗精神，激励着一代代青年发愤图强，勇攀科学高峰。当选第四届、五届、六届全国人大代表。荣获改革先锋称号，获国家自然科学奖一等奖、华罗庚数学奖。2009年当选100位新中国成立以来感动中国人物。

袁隆平

国家杂交水稻工程技术研究中心研究员

袁隆平（1930年9月—），男，汉族，无党派人士，江西德安人，国家杂交水稻工程技术研究中心研究员，湖南省政协原副主席，第六届至第十二届全国政协常委，中国工程院院士。他致力于杂交水稻研究，发明“三系法”籼型杂交水稻，成功研究出“二系法”杂交水稻，创建了超级杂交稻技术体系，使我国杂交水稻研究始终居世界领先水平。截至2017年，杂交水稻在我国已累计推广超90亿亩，共增产稻谷6000多亿公斤。多次赴印度、越南等国，传授杂交水稻技术以帮助克服粮食短缺和饥饿问题，为确保我国粮食安全和世界粮食供给作出了卓越贡献。荣获国家最高科学技术奖、国家发明奖特等奖、国家科学技术进步奖特等奖等荣誉，荣获改革先锋、全国道德模范称号。2009年当选100位新中国成立以来感动中国人物，2019年被授予共和国勋章。

甘祖昌、龚全珍夫妇

甘祖昌（1905年3月—1986年3月），男，汉族，中共党员，江西莲花人。1928年参加中国工农红军，新中国成立后任新疆军区后勤部部长，1955年被授予少将军衔，获八一勋章、独立自由勋章、解放勋章等。1957年，甘祖昌因公受伤，伤愈后，不恋高位、不图享受，甘于奋斗、选择奉献，谢绝了组织安排，带领全家老少回到家乡莲花县坊楼镇沿背村当农民。在农村的29年里，甘祖昌密切联系群众，与群众同甘共苦，一直坚持参加劳动。他把绝大部分收入都用来为家乡修水利、建电站，为促进家乡的经济发展作出了不朽的贡献。

龚全珍（1923年12月—），女，汉族，中共党员，山东烟台人。1949年5月参加革命工作，1952年6月加入中国共产党，江西省莲花县南陂小学原校长。1957年跟随丈夫来到江西省莲花县坊楼镇沿背村，从此扎根基层，在乡村教师的平凡岗位上数十年如一日。从青春岁月到耄耋之年，她无悔选择了物质生活简陋而精神生活充实的道路，践行着共产党人的初心和使命。荣获全国优秀共产党员、全国劳动模范、全国道德模范、全国三八红旗手标兵称号。

林俊德

某基地研究员

林俊德（1938年3月—2012年5月），男，汉族，中共党员，福建永春人，1960年9月入伍，某基地研究员，中国工程院院士。他投身国防科技事业50多年，2012年5月31日病逝在工作岗位上。曾获国家科技进步奖4项、国家技术发明奖2项、军队科技进步奖30余项，1990年被评为有突出贡献的中青年专家，1999年受特邀出席“两弹一星”突出贡献科技专家表彰大会。2013年1月，中央军委追授他献身国防科技事业杰出科学家荣誉称号。全军挂像英模，荣获全国道德模范称号。

马凤山

上海飞机研究所原所长，运-10总设计师

马凤山（1929年5月—1990年4月），男，汉族，中共党员，江苏无锡人，上海飞机研究所原所长，运-10总设计师。1949年10月，他考入上海交通大学航空工程系学习。1952年9月提前投身飞机设计工作，曾任哈尔滨飞机制造厂设计室副主任，西安飞机制造厂设计所副所长、上海飞机设计研究所所长等职。马凤山是新中国第一代中大型飞机的总设计师和技术开拓者，先后任我国第一款中程战略轰炸机轰6和原子弹氢弹载机轰6甲主管设计师，第一款重型运输机运－8技术负责人，第一款大型客机运－10总设计师，是国家级有突出贡献的科技专家，原航空航天工业部干线飞机总设计师顾问。

申纪兰

山西省长治市平顺县西沟村党总支原副书记

申纪兰（1929年12月—2020年6月），女，汉族，中共党员，山西平顺人，山西省长治市平顺县西沟村党总支原副书记，山西省妇联原主任，长治市人大常委会原副主任，平顺县委原副书记。新中国成立以来，她不断探索山区发展道路，全面发展农、林、牧、副生产，带领平顺县西沟村人治山治沟、兴企办厂，逐浪市场经济大潮，奋力建设小康新村，西沟村的发展始终走在山西前列。连续当选13届全国人大代表。荣获改革先锋、全国优秀共产党员、全国劳动模范、全国道德模范、全国三八红旗手标兵等称号，2019年被授予共和国勋章。

吕玉兰

河北省临西县东留善固村“铁球”农业生产合作社原社长，河北省农业厅原副厅长

吕玉兰（1940年2月—1993年3月），女，汉族，中共党员，河北临西人，河北省临西县东留善固村“铁球”农业生产合作社原社长，河北省农业厅原副厅长。她曾是新中国最年轻的农业合作社社长，曾任河北省正定县委副书记、河北省农业厅副厅长。20世纪50—60年代，她带领家乡人民造林治沙、艰苦创业的事迹传遍全国，多次受到毛泽东、周恩来同志的亲切接见。关于她的文章《十个为什么》《农业要上去，干部要下去》更是在全国引起强烈反响。在各级领导岗位上，她始终不改劳动人民本色，不忘初心，对党忠诚，实干担当，任劳任怨，严于律己，全心全意践行为人民服务的宗旨。习近平总书记曾撰文怀念吕玉兰，称她“高风昭日月，亮节启后人”。

小岗村“大包干”带头人

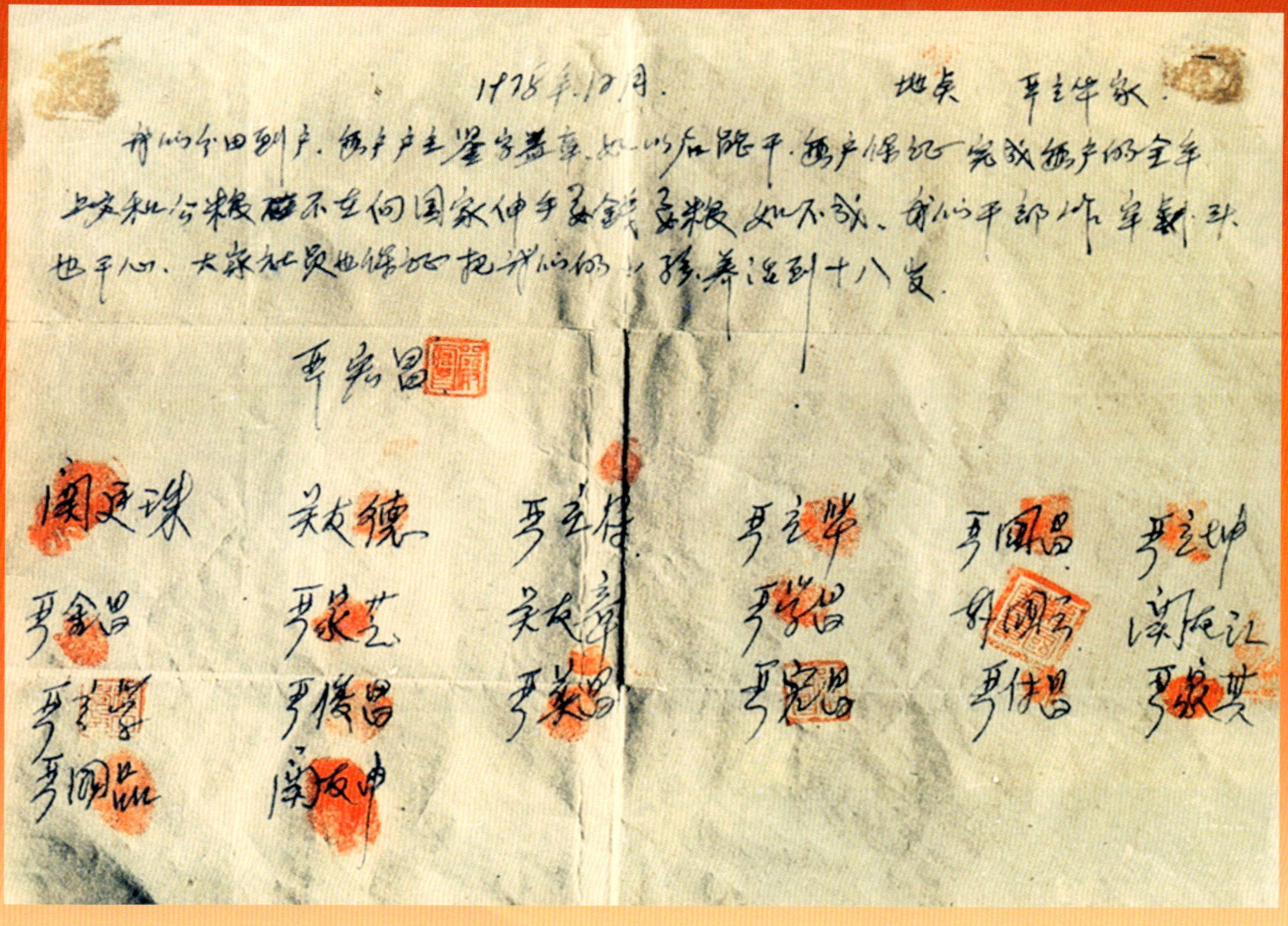

1978年12月　　地点　严立华家

我们分田到户，每户户主签字盖章，如以后能干，每户保证完成每户的全年上交和公粮，不在向国家伸手要钱要粮。如不成，我们干部作牢杀头也甘心，大家社员也保证把我们的小孩养活到十八岁。

严宏昌

关廷珠　关友德　严立付　严立华　严国昌　严立坤
严金昌　严家芝　关友章　严学昌　韩国云　关友江
严立学　严俊昌　严美昌　严宏昌　严付昌　严家其
严国品　关友申

1978年冬，安徽省凤阳县小岗村18户农民，以敢为天下先的精神，在一纸分田到户的“秘密契约”上按下鲜红的手印，实行农业“大包干”，从此拉开我国农村改革的序幕。这18户带头人的红手印催生了家庭联产承包责任制，最终上升为我国农村的基本经营制度，彻底打破“一大二公”的人民公社体制，解放了农村生产力，使我国农业发展越过长期短缺状态，解决了农民的温饱问题。“大包干”契约作为改革开放珍贵文物，陈列在国家博物馆，彰显了小岗村作为我国农村改革的主要发源地和中国改革标志的历史地位。荣获改革先锋称号。

英雄模范人物

1980—1989

中国女排五连冠群体

茅以升

九三学社中央原名誉主席，
中国铁道科学研究院原院长，
桥梁专家

彭加木

中国科学院新疆分院
原副院长，中国科学院上海
生物化学研究所研究员

蒋筑英

中国科学院长春
光学精密机械与物理研究所
副研究员

罗健夫

原航天工业部771所
工程师

袁　庚

招商局集团
原常务副董事长，
原蛇口工业区管委会主任

谢高华

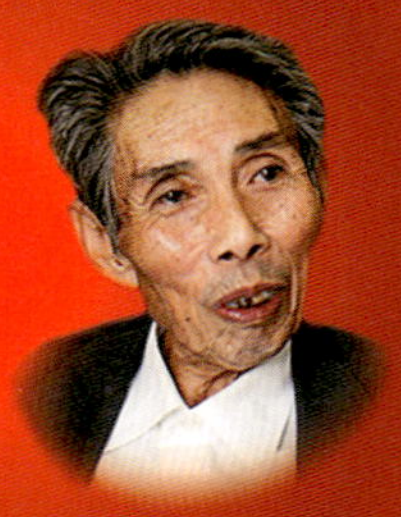

浙江省原义乌县委书记，
义乌小商品市场创始人

吴仁宝

江苏省无锡市
江阴华西村党委原书记

史来贺

河南省新乡市
七里营镇刘庄村党委
原书记、村委会原主任

黄旭华

中国核潜艇总体研究设计所原所长，核动力潜艇总设计师

张海迪

中国残疾人联合会主席

路　遥

中国作家协会陕西分会原党组成员、原副主席，著名作家

韦昌进

山东省枣庄军分区政治委员

许海峰

射击运动员

李登海

山东登海种业股份有限公司党支部书记、名誉董事长，国家玉米工程技术研究中心（山东）主任

杨怀远

原交通部上海海运局“长柳轮”政委、服务员

樊锦诗

敦煌研究院名誉院长

阎　肃

空军原政治部文工团一级编剧

赖　宁

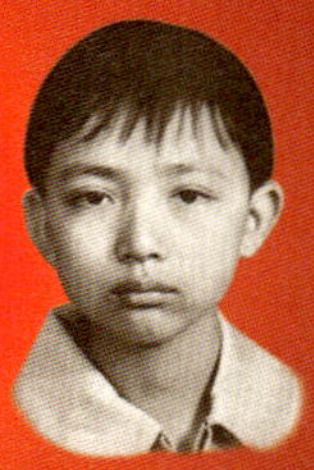

四川省石棉县石棉中学初二学生

中国女排五连冠群体

1981—1986年，中国女子排球队在世界杯、世界锦标赛和奥运会上5次蝉联世界冠军，成为世界排球史上第一支连续5次夺冠的队伍。中国女排坚定“为国争光”的信念，刻苦训练，顽强拼搏。1981年第三届世界杯赛上，中国女排以7战全胜的战绩首次夺得世界冠军，开创了中国女排的新纪元。之后，再接再厉，不屈不挠，克服重重困难，相继蝉联1982年第九届世界女排锦标赛、1984年洛杉矶奥运会、1985年第四届世界杯赛和1986年第十届世界女排锦标赛冠军，完美地诠释了顽强拼搏、团结奋斗、无私奉献、为国争光的中华体育精神。一时间，各行各业掀起了学习女排精神、发扬女排精神的热潮。荣获改革先锋称号。2009年当选100位新中国成立以来感动中国人物。

茅以升

九三学社中央原名誉主席，中国铁道科学研究院原院长，桥梁专家

茅以升（1896年1月—1989年11月），男，汉族，中共党员，九三学社第五届、六届、七届中央副主席和第八届中央名誉主席，江苏镇江人，中国铁道科学研究院原院长，桥梁专家，土木工程学家，工程教育家，第六届全国政协副主席，中国科协原名誉主席，中国科学院院士，美国工程院外籍院士。茅以升早年留学美国，1921年回国工作后，先后设计并主持建造了我国第一座铁路公路两用大桥——钱塘江大桥，参与修建了武汉长江大桥，被誉为“中国现代桥梁之父”。茅以升还是新中国成立后北方交通大学（后更名为北京交通大学）的第一位校长，为祖国培养了大批优秀工程技术人才。他在中国铁道科学研究院工作30余年，为我国铁路事业发展作出卓越贡献。

彭加木

中国科学院新疆分院原副院长，中国科学院上海生物化学研究所研究员

彭加木（1925年5月—1980年6月），男，汉族，中共党员，广东番禺人，中国科学院新疆分院原副院长，中国科学院上海生物化学研究所研究员。他是我国著名的植物病毒学家，1956年，彭加木放弃了出国留学的机会，响应党中央发出的“向科学技术进军”的号召，毅然加入中国科学院综合考察委员会，赴新疆进行科考。在新疆期间，彭加木的足迹遍布天山南北。他带领青年科技人员深入田间地头、大漠戈壁，采集各类化学样品、病害标本，回到实验室昼夜实验、观察，先后分离提纯了危害玉米、小麦、甜瓜等农作物的病毒，为新疆植物病毒学研究奠定了基础。他3次进入罗布泊进行科考，1980年6月17日不幸在罗布泊失踪。2009年当选100位新中国成立以来感动中国人物。

蒋筑英

中国科学院长春光学精密机械与物理研究所副研究员

蒋筑英（1938年8月—1982年6月），男，汉族，中共党员，浙江杭州人，中国科学院长春光学精密机械与物理研究所副研究员。他是我国光学界的优秀人才，在光学机械检测等领域作出了突出贡献。1965年，他的研究小组研制出了中国第一台光学传递函数测量装置，建成了国内一流的光学检测实验室。设计了中国第一台电子分色机的分色特性和镀膜要求，解决了国产镜头研制工作中的诸多技术难题。他撰写的《关于摄影物镜光谱透过率》对中国的电影电视事业具有重要影响。他对待同志、荣誉和个人利益有着坦荡的胸怀和高尚的风格。1982年6月，蒋筑英到外地出差期间，由于过度劳累，病情恶化，不幸逝世，年仅44岁。1983年被追认为中国共产党党员，被追授为全国劳动模范。2009年当选100位新中国成立以来感动中国人物。

罗健夫

原航天工业部771所工程师

罗健夫（1935年9月—1982年6月），男，汉族，中共党员，湖南湘乡人，原航天工业部771所工程师。1969年，罗健夫作为课题组组长开始研制国家空白项目——图形发生器。1972年、1975年，先后研制出第一台“图形发生器”“II型图形发生器”，为我国航天工业作出重大贡献。罗健夫对工作兢兢业业，脚踏实地，把个人的待遇、荣誉、地位置之度外，他是I、II、III型图形发生器课题负责人，主要设计者和研制者，但在呈报科研成果时要求不署自己名字。为了事业，罗健夫把个人生活简化到不能再简化，身上穿的仍是当年部队发的旧军装。家人为他添置衣物的钱，常常被用来买科研需要的书籍。1982年初，正在调试设备的罗健夫突然病倒，被诊断为晚期淋巴癌，于6月16日医治无效去世，年仅47岁。荣获全国科学大会奖，被追授为全国劳动模范。2009年当选100位新中国成立以来感动中国人物。

袁　庚

招商局集团原常务副董事长，原蛇口工业区管委会主任

袁庚（1917年4月—2016年1月），男，汉族，中共党员，广东宝安人，招商局集团原常务副董事长，原蛇口工业区管委会主任。他不断冲破思想禁锢，大胆创新实践，提出了一系列与市场经济相适应的新观念，开展了一系列体制机制的新变革。率先在深圳打响改革开放“第一炮”，提出“时间就是金钱，效率就是生命”这一突破思想束缚、具有强大感召力的改革口号，创办培育了我国第一个外向型工业园区——“蛇口工业区”，成为我国改革开放“排头兵”，并由此催生出招商银行、平安保险等一批大型企业。荣获改革先锋称号，获香港特别行政区政府金紫荆星章。

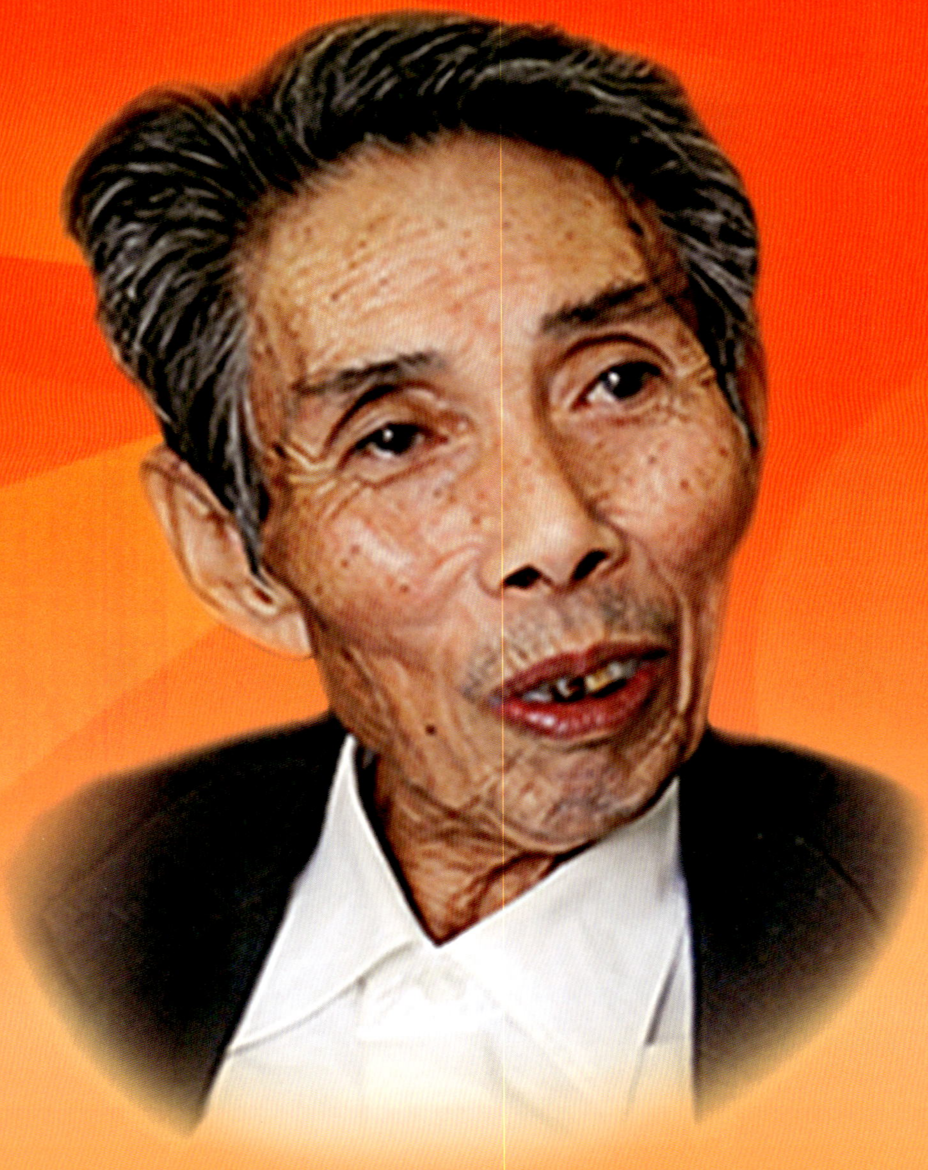

谢高华

浙江省原义乌县委书记，义乌小商品市场创始人

谢高华（1931年11月—2019年10月），男，汉族，中共党员，浙江衢州人，浙江省原义乌县委书记，义乌小商品市场创始人。改革开放初期，他坚持群众需求就是第一导向，打破条条框框，以敢于改革创新的勇气和担当，毅然拍板给路边摊市场开绿灯，果断提出“四个允许”的政策，首创了“兴商建县”的区域经济发展战略，并带领全县干部勇敢坚持、积极作为、精心培育，从而催生了义乌这一全球最大的小商品市场，为全国小商品市场的改革发展树立了榜样。他的先进事迹体现了共产党人一心为民、敢于担当的改革精神，赢得人民群众广泛赞誉。荣获改革先锋称号。

吴仁宝

江苏省无锡市江阴华西村党委原书记

吴仁宝（1928年11月—2013年3月），男，汉族，中共党员，江苏江阴人，江苏省无锡市江阴华西村党委原书记。他始终站在农村改革发展的最前列，带领华西村民“七十年代造田、八十年代造厂、九十年代造城、新世纪腾飞”，实现了从农业样板村到农村工业化、农村城镇化再到农村现代化的一次次跨越，走出了一条农村资源整合、优势互补、合作双赢、共同富裕的发展新路，开创了超大型村庄民主管理体制建设的先例。荣获改革先锋、全国优秀共产党员、全国劳动模范、全国道德模范等称号。2009年当选100位新中国成立以来感动中国人物。

史来贺

河南省新乡市七里营镇刘庄村党委原书记、村委会原主任

史来贺（1930年7月—2003年4月），男，汉族，中共党员，河南新乡人，河南省新乡市七里营镇刘庄村党委原书记、村委会原主任。他以共产党人的无私奉献精神，满腔热情带领群众艰苦奋斗战胜贫困，建成了闻名全国的文明、富裕、和谐发展的新刘庄。党的十一届三中全会后，史来贺团结带领群众发展集体经济，推动刘庄形成了以农促工、以工建农、农工商并举的市场经济格局。被中组部誉为“解放以来在群众中享有崇高威望的共产党员的优秀代表”，荣获全国优秀共产党员、全国优秀党务工作者、全国劳动模范等称号。2009年当选100位新中国成立以来感动中国人物。

黄旭华

中国核潜艇总体研究设计所原所长，核动力潜艇总设计师

黄旭华（1926年3月—），男，汉族，中共党员，广东汕尾人，中国核潜艇总体研究设计所原所长，核动力潜艇总设计师。他开拓了中国核潜艇的研制领域，主持决策第一代核潜艇总体方案，组织、协调解决了第一代核潜艇研制各个阶段的重大技术难题，成功执行了核潜艇水下发射导弹试验任务。作为核潜艇工程总设计师，在某深潜试验中，随艇深潜到极限，创世界首例。荣获全国道德模范称号，两次获国家科学技术进步奖特等奖，获何梁何利基金科学与技术进步奖、何梁何利基金科学与技术成就奖。2019年被授予共和国勋章。

张海迪

中国残疾人联合会主席

张海迪（1955年9月—），女，汉族，中共党员，山东文登人，中国残疾人联合会主席。5岁时高位截瘫，刻苦自学，15岁在农村给孩子们当老师，为群众治病一万多人次。出版发表文学作品200多万字。1983年，中共中央发出《向张海迪同志学习的决定》。担任中国残联主席后，她全心全意帮助残疾人康复、上学、就业、脱贫，为残疾人过上美好生活而奋斗。习近平总书记指出："在当代中国，在改革开放进程中，我国残疾人中涌现出一大批像张海迪那样的自强模范，他们是改革开放大潮的弄潮儿，他们的事迹感人至深、催人泪下，激励了全社会的奋发自立精神。"她几十年自强不息，先后获全国优秀共青团员、全国劳动模范等称号。2009年当选100位新中国成立以来感动中国人物。

路　遥

中国作家协会陕西分会原党组成员、原副主席，著名作家

路遥（原名王卫国）（1949年12月—1992年11月），男，汉族，中共党员，陕西清涧人，中国作家协会陕西分会原党组成员、原副主席，著名作家。他深入生活、扎根人民，将文学创作融入改革开放伟大实践中，用心用情抒写改革开放故事。先后创作了《人生》《惊心动魄的一幕》《在困难的日子里》等作品。特别是他勇于改革文坛风气，创作了长篇小说《平凡的世界》，展现了我国城乡社会生活和人民思想情感的巨大变化，颂扬了拼搏奋进、敢为人先的时代精神，激励了一代又一代青年人向上向善、自强不息，积极投身改革开放的时代洪流，产生了广泛而深远的社会影响。荣获改革先锋、陕西省有突出贡献专家称号，享受国务院政府特殊津贴。

韦昌进

山东省枣庄军分区政治委员

韦昌进（1965年11月—），男，汉族，中共党员，江苏溧水人，1983年10月入伍，山东省枣庄军分区政治委员。1985年，他在执行重大军事行动任务中，身负重伤，荣立一等功，被中央军委授予战斗英雄荣誉称号。几十年来，他始终保持革命军人的本色，在不同的岗位建功立业。1987年出席全军英雄模范代表会议。荣获改革先锋、全国自强模范称号，2017年获八一勋章。

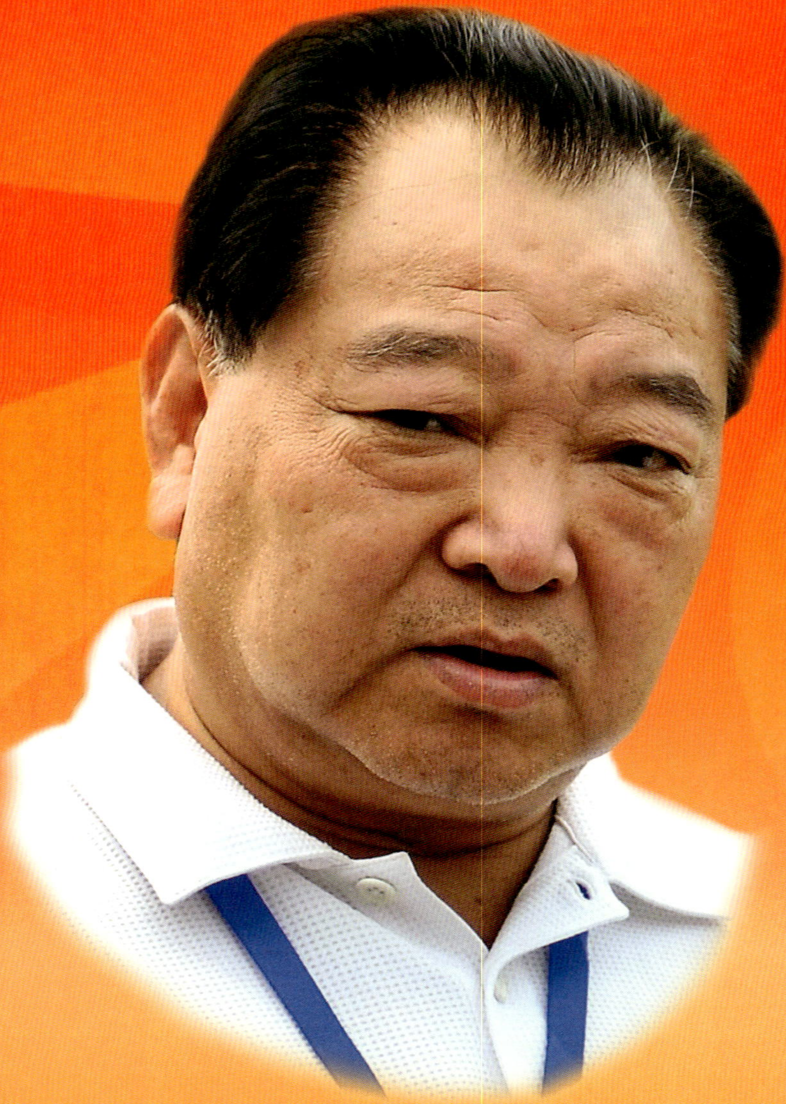

许海峰

射击运动员

许海峰（1957年8月—），男，汉族，中共党员，安徽全椒人，射击运动员，国家体育总局自行车击剑运动管理中心原副主任。1984年他获得第23届奥运会男子自选手枪60发慢射冠军，实现了我国奥运史上金牌榜“零的突破”。他是我国体育射击史上第一个集奥运会冠军、世锦赛冠军、亚运会冠军、亚锦赛冠军等多项荣誉于一身的运动员。转任教练后，创新训练方法，先后培养出多名奥运冠军、世界冠军，被称为“金牌教练”。荣获改革先锋、全国体育系统先进工作者等称号。

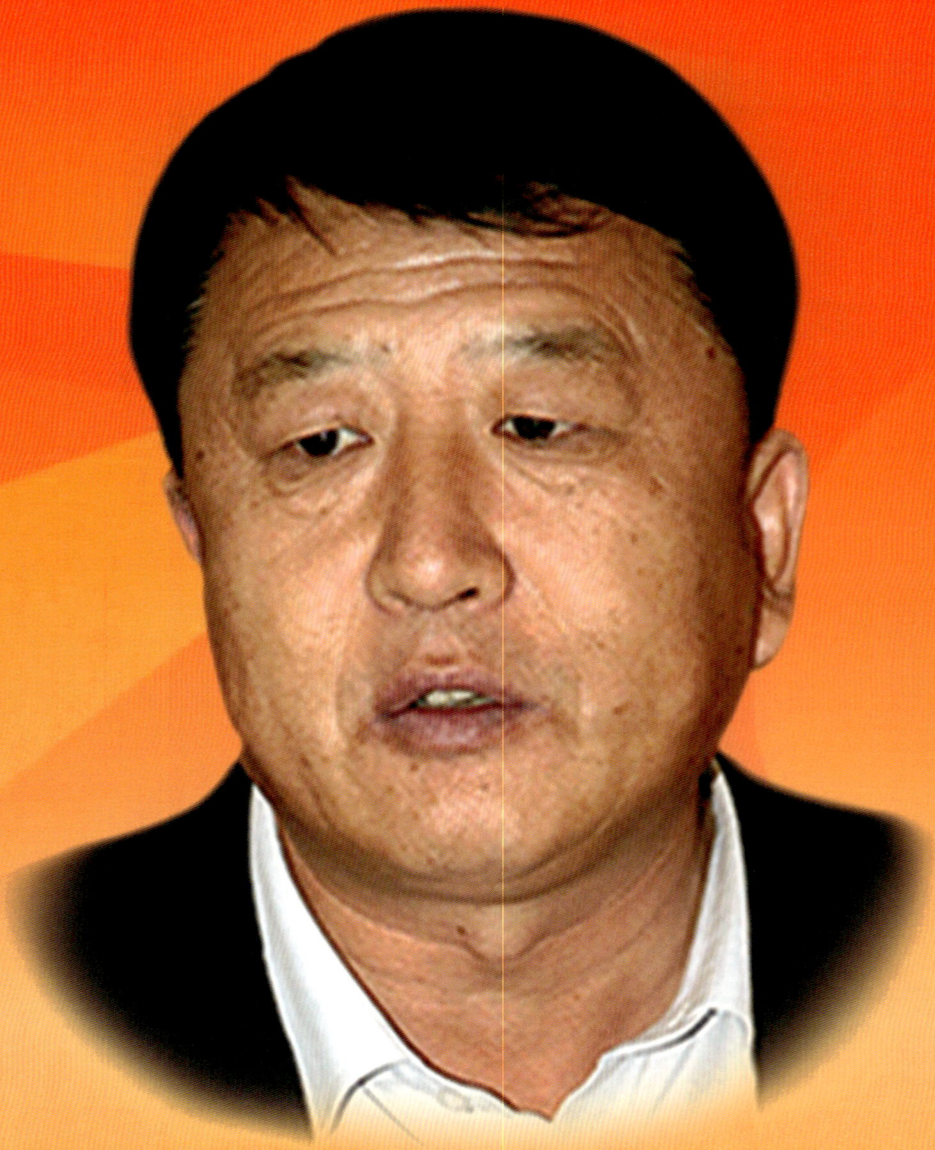

李登海

山东登海种业股份有限公司党支部书记、名誉董事长，国家玉米工程技术研究中心（山东）主任

李登海（1949年9月—），汉族，中共党员，山东莱州人，山东登海种业股份有限公司党支部书记、名誉董事长，国家玉米工程技术研究中心（山东）主任。他是我国玉米育种和栽培专家，通过47年持续不断地开展玉米高产攻关试验，进行了46年156代玉米高产品种的育种创新，在我国率先发现紧凑型杂交玉米较平展型杂交玉米的高产潜力，率先育出亩产从700公斤到1500公斤的紧凑型高产玉米新品种，为我国玉米高产创建、农业增产提供了强有力的高产品种支撑，为农民增收、保障国家粮食安全作出了重要贡献。他育成的120多个紧凑型杂交玉米新品种通过国家和省级审定，在全国累计推广13亿亩，增加社会经济效益1300多亿元。荣获全国优秀共产党员、时代楷模、全国先进工作者等称号，获国家科学技术进步奖一等奖。2009年当选100位新中国成立以来感动中国人物。

杨怀远

原交通部上海海运局“长柳轮”政委、服务员

杨怀远（1937年1月—），男，汉族，中共党员，安徽庐江人，原交通部上海海运局“长柳轮”政委、服务员。自1960年起，历任原交通部上海海运局“和平14号”等轮船的生火工、服务员、政委等职。1980年，杨怀远主动辞去政委职务，要求到“长柳轮”等服务一线继续担任服务员。在38年的航运工作生涯中，始终以雷锋为榜样，肩挑小扁担，怀揣便民工具，带着为人民服务的热情，真心实意地为旅客排忧解难。他在工作之余编写了6000多首服务口诀、顺口溜，把服务经验和心得总结成40余万字的图书《讲点服务学》，在各行各业引发热烈反响。他的精神品质被人们亲切地称为“小扁担精神”，荣获全国劳动模范称号。2009年当选100位新中国成立以来感动中国人物。

樊锦诗

敦煌研究院名誉院长

樊锦诗（1938年7月—），女，汉族，中共党员，浙江杭州人，敦煌研究院名誉院长。她视敦煌石窟的安危如生命，扎根大漠，潜心石窟考古研究，完成了敦煌莫高窟北朝、隋、唐代前期和中期洞窟的分期断代。改革开放以来，她坚持改革创新，带领团队致力于世界文化遗产的保护传承，积极开展文物国际交流合作，引进先进保护理念和保护技术，构建“数字敦煌”，开创了敦煌莫高窟开放管理新模式，有效地缓解了文物保护与旅游开放的矛盾。在全国率先开展文物保护专项法规和保护规划建设，探索形成石窟科学保护的理论与方法，为世界文化遗产敦煌莫高窟文物和大遗址保护传承与利用作出突出贡献，被誉为“敦煌的女儿”。荣获改革先锋、全国优秀共产党员、全国先进工作者等称号。2019年被授予文物保护杰出贡献者国家荣誉称号。

阎　肃

空军原政治部文工团一级编剧

阎肃（1930年5月—2016年2月），男，汉族，中共党员，河北保定人，1953年6月入伍，空军原政治部文工团一级编剧。从艺60余年，他以一片丹心、一腔热血、一身正气，始终模范践行党的文艺路线，始终坚持以人民为中心的创作导向，始终战斗在讴歌主旋律、弘扬民族精神第一线，创作了《江姐》《党的女儿》《我爱祖国的蓝天》等一大批红色经典，推出1000多部（首）深受人民群众喜爱、无愧于时代的精品力作，参与策划100多场重大文艺活动。荣立二等功1次、三等功4次，荣获中国歌剧艺术终身成就奖等多个重大奖项。荣获时代楷模、全国优秀共产党员称号。

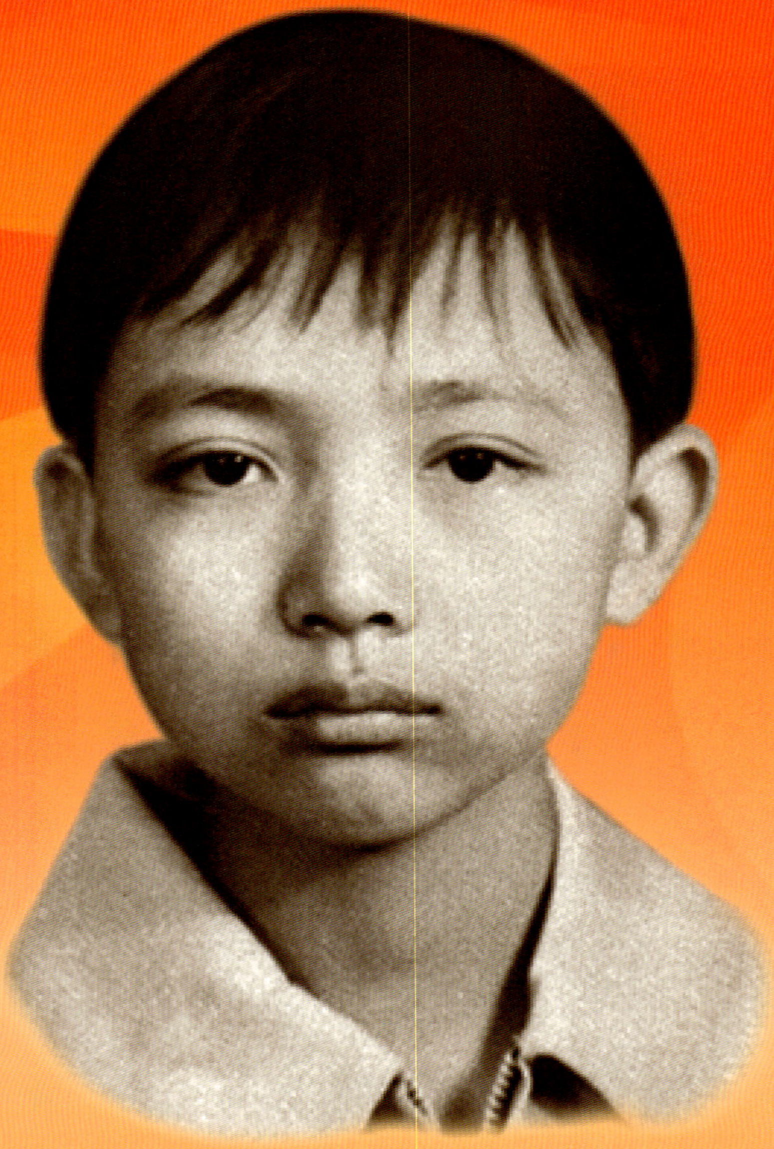

赖　宁

四川省石棉县石棉中学初二学生

赖宁（1973年10月—1988年3月），男，四川石棉人，四川省石棉县石棉中学初二学生。1988年3月13日，赖宁为扑灭突发山火，挽救国家财产，在烈火中奋战四五个小时后不幸遇难，献出了年仅14岁的宝贵生命。赖宁牺牲后，他的英雄事迹很快传遍了祖国的大江南北，他的英雄壮举受到了社会各界的肯定和褒扬。1989年5月被授予英雄少年称号，1989年11月被追授革命烈士称号。2009年当选100位新中国成立以来感动中国人物。

英雄模范人物

1990—1999

孔繁森

西藏自治区
阿里地委原书记

王启民

大庆油田有限责任公司
原总经理助理、
副总地质师

包起帆

上海国际港务（集团）
股份有限公司原副总裁

马伟明

海军工程大学舰船综合
电力技术国防科技重点
实验室主任、教授

苏　宁

原第23集团军69师
炮兵团参谋长

李向群

原第41集团军121师
361团9连战士

马永顺

黑龙江省伊春市铁力
林业局原副局长

吴金印

河南省卫辉市唐庄镇
党委书记

谭　彦

辽宁省大连经济技术
开发区人民法院
原副院长

李　斌

上海电气液压气动有限公司
液压泵厂原数控工段长，
上海市总工会原兼职副主席

李素丽

北京公交集团客服中心
原主任

邱娥国

江西省南昌市公安局
特警支队原调研员

吴天祥

湖北省武汉市武昌区
政府原巡视员

毛二可

北京理工大学教授

秦文贵

中国石油工程技术分公司
技术革新专家

韩素云

广西壮族自治区南宁市
财政局退休干部

王伯祥

山东省潍坊市委原副书记、
原市长，原寿光县委书记

李雪健

中国国家话剧院
一级演员

冉绍之

重庆市奉节县移民局
原副调研员

林秀贞

河北省衡水市枣强县
王常乡南臣赞村村民

孔繁森

西藏自治区阿里地委原书记

孔繁森（1944年7月—1994年11月），男，汉族，中共党员，山东聊城人，西藏自治区阿里地委原书记。1979年开始，他两次进藏工作，勤政为民，促进当地经济社会发展和民族团结。1992年底孔繁森第二次援藏工作结束后，被任命为阿里地委书记。为了摸清情况，他探索带领群众脱贫致富的路子，跑遍了全地区106个乡中的98个，行程8万多公里，与藏族群众结下了深厚友谊，被称为“群众的好父母官”“焦裕禄式的好干部”。他的英雄事迹和崇高精神，激励和影响着广大中华儿女投身改革开放事业，自发到祖国和人民最需要的地方去，到最困难、最艰苦的地方去干事创业。被追授模范共产党员、优秀领导干部称号，荣获改革先锋、全国民族团结进步模范称号。2009年当选100位新中国成立以来感动中国人物。

王启民

大庆油田有限责任公司原总经理助理、副总地质师

王启民（1937年9月—），男，汉族，中共党员，浙江湖州人，大庆油田有限责任公司原总经理助理、副总地质师。他始终用“大庆精神”和“铁人精神”从事科学研究，敢于挑战油田开发极限；坚持“宁肯把心血熬干，也要让油田稳产再高产”的信念，攻克一道道技术难关，创造多项世界纪录。主持研究并提出了“分阶段多次布井开发调整”理论，其中表外储层开发利用打破了国内外认为不能开采的禁区；主持的油田高含水后期“稳油控水”项目研究，为大庆油田实现27年5000万吨以上高产高效持续开发作出重要贡献。他是一代石油人的杰出代表，为“铁人精神”赋予了新的时代内涵。荣获改革先锋、全国优秀共产党员、全国先进工作者称号。2009年当选100位新中国成立以来感动中国人物。2019年被授予人民楷模国家荣誉称号。

包起帆

上海国际港务（集团）股份有限公司原副总裁

包起帆（1951年2月—），男，汉族，中共党员，浙江镇海人，上海国际港务（集团）股份有限公司原副总裁。他是伴随改革开放成长起来的中国工人的缩影。研发新型抓斗及工艺系统，推进了港口装卸机械化。参与开辟了上海港首条内贸标准集装箱航线，参与建设了我国首座集装箱自动化无人堆场，积极推进了我国首套自动化程度最高的散矿装卸设备系统的研发，领衔制定了集装箱－RFID货运标签系统国际标准。40年来带领团队技术创新，获国家发明奖3项、国家科学技术进步奖3项，获巴黎、日内瓦等国际发明展金奖36项。连续五届荣获全国劳动模范称号，荣获改革先锋、全国优秀共产党员、全国道德模范称号。

马伟明

海军工程大学舰船综合电力技术国防科技重点实验室主任、教授

马伟明（1960年4月—），男，汉族，中共党员，江苏扬中人，1978年10月入伍，海军工程大学舰船综合电力技术国防科技重点实验室主任、教授，中国工程院院士。他长期致力于舰船电力系统领域研究，30多年来，始终以提高国家核心竞争力、军队战斗力为己任，以打赢未来战争为目标，聚力自主创新，勇攀科技高峰，带领团队破解世界科技难题，取得了一批重大创新成果，多次获国家和军队科技进步奖，为我国国防武器装备现代化建设和高层次人才培养作出卓越贡献。荣立一等功2次，2017年获八一勋章。

苏 宁

原第23集团军69师炮兵团参谋长

苏宁（1953年12月—1991年4月），男，汉族，中共党员，山西孝义人，1969年2月入伍，原第23集团军69师炮兵团参谋长。他紧跟世界军事变革步伐，立足本职岗位“想、钻、干”现代化，努力提高打赢本领。1991年4月21日，在组织部队进行手榴弹实弹投掷过程中，为保护战友生命安全身负重伤，经抢救无效牺牲。1993年2月，中央军委授予他献身国防现代化的模范干部荣誉称号。全军挂像英模。2009年当选100位新中国成立以来感动中国人物。

李向群

原第41集团军121师361团9连战士

李向群（1978年6月—1998年8月），男，汉族，中共党员，海南琼山人，1996年12月入伍，原第41集团军121师361团9连战士。1998年8月5日他随部队奔赴湖北荆州抗洪抢险。在短短的半个月中，他参加九次重大抢险任务，在抗洪前线光荣加入中国共产党。在公安县南坪镇堤段的抗洪保卫战中，他带病坚持抢险，先后四次晕倒在大堤上。已被强行送往医院的李向群，悄悄跑回大堤，坚持参加抢险。1998年8月22日壮烈牺牲，年仅20岁。全军挂像英模，被中央军委授予新时期英雄战士荣誉称号。

马永顺

黑龙江省伊春市铁力林业局原副局长

马永顺（1914年12月—2000年2月），男，汉族，中共党员，天津市人，黑龙江省伊春市铁力林业局原副局长。他是新中国第一代伐木工人，20世纪50年代采伐作业，为了多出木材，马永顺先用手把树根周围的积雪扒开，一条腿跪在地上，把锯紧挨树根采伐，使伐根由过去的六七十公分高降到十公分以下。他以忘我的工作热情，每年一个人完成六个人的采伐量，创造了手工年伐木1200立方米的全国纪录。1959年，为响应党中央关于实现青山常在、永续利用的号召，他积极投身绿化事业，决心把自己伐的36000棵树补栽上。截至1999年，他带领全家共义务植树5万多棵。当选中共十大、十一大代表，第二届、三届全国人大代表，第二届全国政协特邀委员。荣获全国劳动模范称号。2009年当选100位新中国成立以来感动中国人物。

吴金印

河南省卫辉市唐庄镇党委书记

吴金印（1942年9月—），男，汉族，中共党员，河南卫辉人，河南省卫辉市唐庄镇党委书记，新乡市人大常委会原副主任，第十五届中央候补委员。担任乡镇党委书记40多年来，他不忘初心、牢记使命，把群众当亲人，扎根农村基层，苦干实干，带领群众治水开洞、修筑大坝水库、营造良田，干出了使荒山野沟变成米粮川的不平凡业绩。带领群众兴建林果园、蔬菜园，创办乡镇集体企业，把一穷二白的唐庄建设成了全国综合实力千强镇、省经济发达镇，被誉为“乡镇党委书记的榜样”。荣获改革先锋、全国优秀共产党员、全国优秀党务工作者等称号和全国五一劳动奖章。2009年当选100位新中国成立以来感动中国人物。

谭 彦

辽宁省大连经济技术开发区人民法院原副院长

谭彦（1960年10月—2004年11月），男，汉族，中共党员，吉林集安人，辽宁省大连经济技术开发区人民法院原副院长。谭彦在审理案件中，始终坚持以事实为依据，以法律为准绳，不向恐吓低头。1989年，他被诊断患有严重慢性纤维空洞性肺结核。他以惊人的毅力与病魔进行抗争，用更加忘我的工作实践自己“活着就要工作，死也要死在工作岗位上”的誓言。1993—1994年，他在身患重病的情况下，审理案件108件，高出全院人均审案件数44%，结案105件，高出全院人均结案数50%，两项工作指标都名列全院第一，而且无一发回改判。2004年11月28日病逝，年仅44岁。荣获全国优秀共产党员、全国法院模范、十大中国杰出青年卫士等称号。2009年当选100位新中国成立以来感动中国人物。

李　斌

上海电气液压气动有限公司液压泵厂原数控工段长，上海市总工会原兼职副主席

李斌（1960年5月—2019年2月），男，汉族，中共党员，上海市人，上海电气液压气动有限公司液压泵厂原数控工段长，上海市总工会原兼职副主席。他始终立足生产一线，不断学习和掌握单晶数控科技领域新技术，以过硬的本领，在数控编程、工艺改进、刀具革新及产品的技术攻关上，创造了可观的经济效益。多年来，他带领徒弟开展大量技术攻关，并通过以其名字命名的技师学院、技术中心和数控技术工作室培养人才。荣获全国优秀共产党员、全国道德模范称号，两次荣获全国劳动模范称号和全国五一劳动奖章，五次被评为上海市劳动模范。

李素丽

北京公交集团客服中心原主任

李素丽（1962年4月—），女，汉族，中共党员，北京市人，北京公交集团客服中心原主任，现任中国志愿服务基金会副秘书长。她19岁当上售票员，视乘客如亲人，始终坚持微笑服务，做到“四多六到”：多说一句、多看一眼、多帮一把、多走几步，话到、眼到、手到、腿到、情到、神到，受到乘客和社会公众的一致好评。她负责的北京交通服务热线，平均每天接电话17000余个，被评为全国青年文明岗和巾帼文明岗。始终努力践行“一心为乘客，服务最光荣”的工作理念，被乘客誉为“微笑的天使”。当选中共十五大、十六大代表。荣获全国优秀共产党员、全国劳动模范、全国三八红旗手、全国职业道德标兵等称号。

邱娥国

江西省南昌市公安局特警支队原调研员

邱娥国（1946年5月—），男，汉族，中共党员，江西进贤人，江西省南昌市公安局特警支队原调研员。从警27年来，他秉承“人民公安为人民”的执法为民理念，大胆创新勤务模式，勇于破解基层治理难题，摸索总结出户籍民警“一图二诀三本四勤”和“串百家门，认百家人，知百家情，办百家事”工作法，创立“警民联系卡”“警民联系牌”等便民措施，在全国公安系统推广，为基层治理发挥了重要作用。他牢记宗旨，竭诚为民，全力加强辖区治安管理防范，满腔热情为群众排忧解难，有效地维护了社会稳定和一方平安，成为群众的“贴心人”。荣获改革先锋、全国优秀共产党员、全国道德模范、全国先进工作者、全国公安系统一级英雄模范等称号。

吴天祥

湖北省武汉市武昌区政府原巡视员

吴天祥（1944年7月—），男，汉族，中共党员，湖北钟祥人，湖北省武汉市武昌区政府原巡视员。他坚守“全心全意为人民服务”的初心，一辈子为民做好事、办实事，用自己的实际行动在党和群众之间架起一座“连心桥”；倾心扶贫，不顾自己羸弱的身体，自愿30年不变“承包”耕种23户贫困农民家庭的185亩农田，甘做扶贫“愚公”；坚持“人生在世，‘奉献’二字”的人生观，数十年来照顾30多名孤寡老人，17名孤儿，4000多名困难群众，善行无疆。在他的感召下，湖北10万党员干部自发成立1万多个吴天祥志愿小组，传递着荆楚大地上的正能量。荣获全国优秀共产党员、全国优秀党务工作者、全国劳动模范、全国道德模范等称号。2009年当选100位新中国成立以来感动中国人物。

毛二可

北京理工大学教授

毛二可（1934年1月—），男，汉族，中共党员，内蒙古赤峰人，北京理工大学教授。他始终坚持从国家利益和需求出发，走自主创新之路，在雷达系统及杂波抑制信号处理和雷达跟踪信号处理方面取得了重大研究成果，提高了中国雷达动目标显示、检测性能及跟踪的精度和速度，对中国雷达技术的发展作出了重要贡献，获得1987年国家发明奖二等奖，1995年当选为中国工程院院士。当选中共十七大代表。荣获全国优秀共产党员、全国先进工作者等称号，享受国务院政府特殊津贴。

秦文贵

中国石油工程技术分公司技术革新专家

秦文贵（1961年9月一），男，汉族，中共党员，河北平山人，中国石油工程技术分公司技术革新专家，现任中国华油集团有限公司党委书记。大学毕业后一头扎进“天上无飞鸟，地上不长草，风吹石头跑，氧气吃不饱”的青海油田，在高原戈壁上一干就是20多年。他创新应用新技术、新工艺，攻克一系列技术和施工难关，为我国石油工业发展作出突出贡献。荣获全国劳动模范称号和首届中国青年五四奖章。2009年当选100位新中国成立以来感动中国人物。

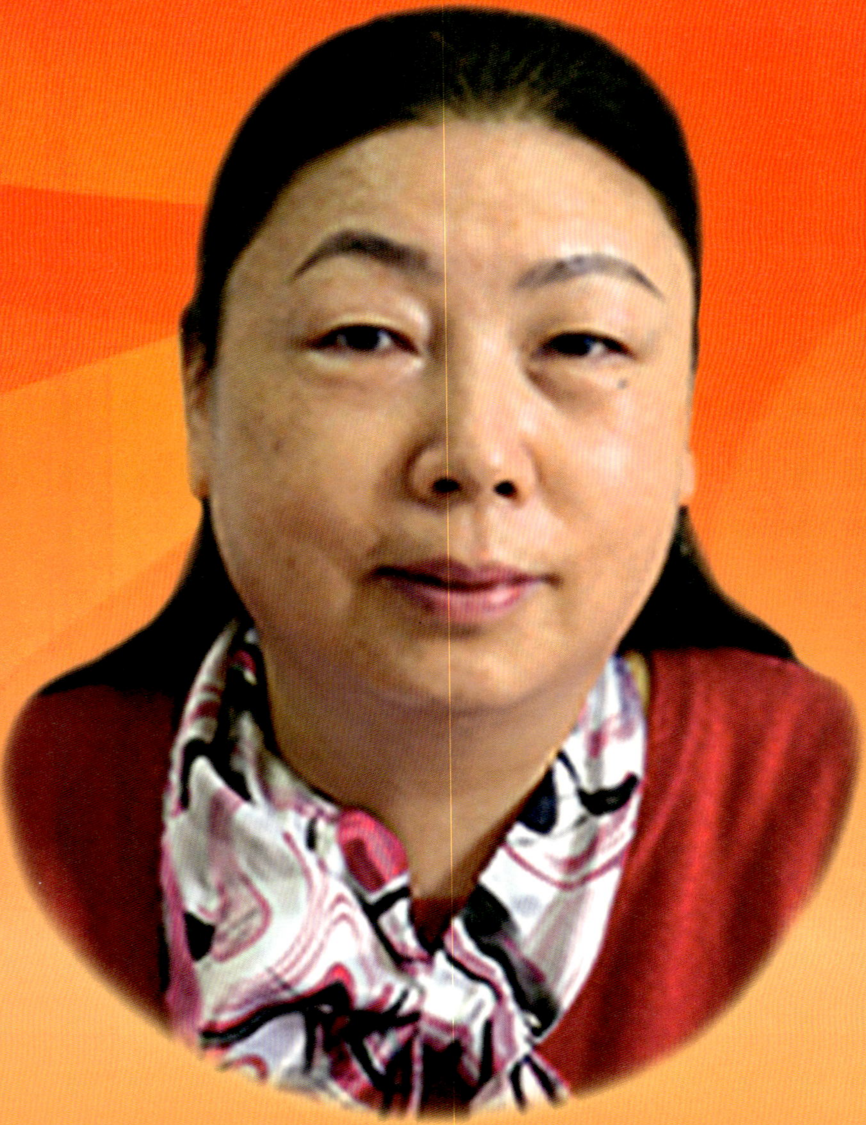

韩素云

广西壮族自治区南宁市财政局退休干部

韩素云（1961年9月—），女，汉族，山东汶上人，广西壮族自治区南宁市财政局退休干部。她凭着对军人和国家的无限热爱和赤诚之心，以柔弱身躯挑起军人丈夫9口之家的生产、生活重担，让远在千里之外的丈夫没有后顾之忧。由于长期过度劳累，她不幸患上重疾，但为了让丈夫安心工作，屡向丈夫报称“一家老小平安”。她以感人肺腑、润物无声的朴实行动，谱写了“爱国拥军”的美丽篇章，其事迹引起全国广泛关注，受到党和国家领导人亲切会见。“好军嫂”韩素云成为一个时代的符号和印记。荣获全国劳动模范、全国三八红旗手、全国先进工作者等称号。2009年当选100位新中国成立以来感动中国人物。

王伯祥

山东省潍坊市委原副书记、原市长，原寿光县委书记

王伯祥（1943年2月—），男，汉族，中共党员，山东寿光人，山东省潍坊市委原副书记、原市长，原寿光县委书记。在计划经济向市场经济转型时期，他坚持发展第一要务，以富民强县为己任，立足寿光种植蔬菜的传统优势，全力扶持和推广寿光冬暖式蔬菜大棚试验，大力发展寿光蔬菜批发市场，创建了全国闻名、江北最大的蔬菜批发市场。寿光蔬菜产业化模式推向全国，产生巨大的经济社会效益。大力推动潍坊市农业产业化和工业股份制改造以及个体私营经济发展，为潍坊经济繁荣贡献力量。荣获改革先锋、全国优秀共产党员等称号。

李雪健

中国国家话剧院一级演员

李雪健（1954年2月—），男，汉族，中共党员，山东巨野人，中国国家话剧院一级演员。中国文联兼职副主席，中国电影家协会名誉主席。他是改革开放中成长起来的优秀表演艺术家，从事戏剧影视表演工作40多年，崇德尚艺，执着追求，形成“含蓄、真诚、淳厚、朴实”的表演风格，塑造了众多生动鲜活的艺术形象，展现了改革开放以来的时代变迁。主演或参演的《焦裕禄》《李大钊》《赵树理》《杨善洲》等数十部影视和话剧作品，深受广大观众喜爱。他塑造的焦裕禄、杨善洲等优秀共产党员形象，成为弘扬主旋律、讴歌英雄模范、彰显民族精神和改革开放时代精神的典型。荣获改革先锋、全国先进工作者、国家有突出贡献电影艺术家、全国中青年德艺双馨文艺工作者等称号。

冉绍之

重庆市奉节县移民局原副调研员

冉绍之（1953年5月—），男，汉族，中共党员，重庆奉节人，重庆市奉节县移民局原副调研员。作为一名长期工作在移民第一线的基层干部，心系国家大局和移民利益，深入细致做好移民的思想政治工作，落实移民生产、生活安置等问题。积极投身三峡库区建设，成功创造“江边一条路、路边一排房、房前工商业、房后种果粮”的移民后靠安置模式，为重庆农村移民安置树立了样板，在三峡库区大力推广。大胆探索三峡库区多元化发展格局，带领群众配套新建人畜饮水和灌溉蓄水工程，修建排水堰和移民公路，开发果园和耕地，圆满完成三峡移民外迁内安任务。荣获改革先锋、全国优秀共产党员、全国先进工作者、人民满意的公务员等称号。

林秀贞

河北省衡水市枣强县王常乡南臣赞村村民

林秀贞（1946年3月—），女，汉族，中共党员，河北枣强人，河北省衡水市枣强县王常乡南臣赞村村民。她视社会责任为己任，三十年如一日义务赡养了6位与自己及家庭成员无任何血缘关系的孤寡老人，为8位残疾人传授生产技术、安排就业岗位，帮助他们解决了婚姻、治病等许多生活困难，还帮助29名与自己没有任何血缘关系的困难群众走出困境。荣获全国优秀共产党员、全国道德模范、中国十大杰出母亲等称号。2009年当选100位新中国成立以来感动中国人物。

英雄模范人物

2000—2009

杨善洲

云南省原保山
地委书记

任长霞

河南省登封市公安局
党委原书记、原局长

钟南山

广州医科大学附属第一
医院国家呼吸系统疾病
临床医学研究中心主任

吴大观

原航空工业部
科技委常委

杨业功

原第二炮兵
副参谋长

王　选

九三学社中央原副主席，
北京大学教授

李中华

空军指挥学院原训练部
副部长

王永志

原总装备部921工程
总设计师

孔祥瑞

天津港中煤华能煤码头
有限公司孔祥瑞操作队
原党支部书记、队长

许振超

山东省青岛前湾集装箱
码头有限责任公司工程
技术部固机高级经理

杰桑·索南达杰

青海省玉树藏族自治州
治多县委原副书记、
县西部工委原书记

王　瑛

四川省南江县委原常委、
纪委原书记

王顺友

四川省凉山州邮政公司
副调研员

廷·巴特尔

内蒙古自治区阿巴嘎旗
萨如拉图雅嘎查
原党支部书记

方　工

北京市人民检察院
原党组成员、副检察长

乌国庆

公安部刑侦局
巡视员，刑侦专家

王有德

宁夏回族自治区灵武市
白芨滩国家级自然保护
区管理局原党委书记、
局长

白方礼

原天津市河北
汽车运输厂退休职工

叶　欣

广东省中医院二沙岛分院
急诊科原护士长

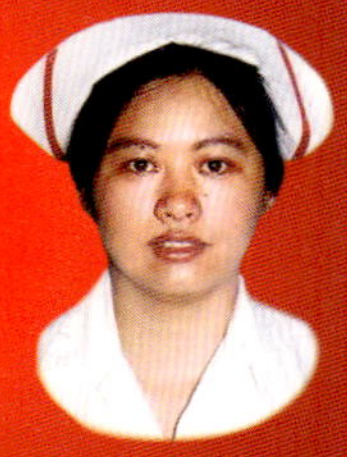

孟二冬

北京大学中文系教授、
博士生导师

王书茂

海南省琼海市潭门镇
潭门村党支部纪检委员、
潭门镇海上民兵连副连长

甘远志

海南日报社
经济部主任记者

库尔班·尼亚孜

新疆维吾尔自治区
阿克苏地区乌什县前进镇
国家通用语言小学校长

李桂林、陆建芬夫妇

四川省甘洛县
乌史大桥乡二坪村
小学教师

杨善洲

云南省原保山地委书记

杨善洲（1927年1月—2010年10月），男，汉族，中共党员，云南施甸人，云南省原保山地委书记。改革开放之初，他积极推行农村家庭联产承包责任制，使原来缺粮的保山成为“滇西粮仓”，被称为“粮书记”。率先探索和推进小城镇建设，发展多种经营，培育非公有制经济，建成一大批以农副产品加工为主的地方工业企业和特色鲜明、经济活跃的小集镇。退休后，他践行“只要生命不结束，服务人民不停止”的诺言，卷起铺盖扎进大亮山植树造林22年，把5.6万亩荒山变成绿洲，并将价值3亿多元的林场经营管理权无偿移交国家。荣获改革先锋、环境保护杰出贡献者、全国老干部先进个人等称号，被追授全国优秀共产党员、全国道德模范称号。

任长霞

河南省登封市公安局党委原书记、原局长

任长霞（1964年2月—2004年4月），女，汉族，中共党员，河南睢县人，河南省登封市公安局党委原书记、原局长。她始终把人民群众的疾苦和安危放在心上，忠诚履职尽责，带领民警严厉打击违法犯罪活动，为维护一方平安作出了突出贡献，赢得了辖区群众的广泛赞誉。2004年4月14日，任长霞同志在办案途中遭遇车祸，不幸因公殉职。荣获全国优秀共产党员、全国公安系统一级英雄模范、全国三八红旗手、全国青年岗位能手等称号和全国五一劳动奖章，多次荣立个人一、二、三等功。2009年当选100位新中国成立以来感动中国人物。

钟南山

广州医科大学附属第一医院国家呼吸系统疾病临床医学研究中心主任

钟南山（1936年10月—），男，汉族，中共党员，福建厦门人，广州医科大学附属第一医院国家呼吸系统疾病临床医学研究中心主任，中国工程院院士。2003年抗击“非典”中，他不顾生命危险救治危重病人，奔赴疫区指导医疗救治工作，倡导与国际卫生组织合作，主持制定我国“非典”等急性传染病诊治指南，为战胜“非典”疫情作出重要贡献。主动承担突发公共卫生事件代言人角色，向公众普及卫生知识，积极建言献策推动公共卫生应急体系建设，为夺取应对甲型流感、H7N9禽流感等突发公共卫生事件的胜利发挥了重要作用，是公共卫生事件应急体系建设的重要推动者。荣获改革先锋、全国先进工作者、全国道德模范等称号和白求恩奖章、国家科学技术进步奖一等奖等荣誉。2009年当选100位新中国成立以来感动中国人物。

吴大观

原航空工业部科技委常委

吴大观（1916年11月—2009年3月），男，汉族，中共党员，江苏扬州人，原航空工业部科技委常委。他是我国著名的航空发动机专家，毕生致力于航空发动机科研、设计技术、试验设备建设。他参与组建了新中国第一个航空发动机设计机构，领导研制了我国第一个喷气发动机型号，创建了我国航空史上第一个发动机试验基地，主持建立了第一套有效的航空发动机研制规章制度，建立起了新中国第一支航空动力设计研制队伍，主持编制了我国第一部航空发动机研制通用规范，为我国航空事业特别是航空发动机事业的创建和发展作出了重要贡献。荣获航空航天部有突出贡献的老专家称号，2009年被追授全国优秀共产党员称号。2009年当选100位新中国成立以来感动中国人物。

杨业功

原第二炮兵副参谋长

杨业功（1945年2月—2004年7月），男，汉族，中共党员，湖北应城人，1963年8月入伍，原第二炮兵副参谋长，历任排长、参谋、营长、团参谋长、作训处长、旅长和基地副参谋长、副司令员、司令员等职。他是在积极推进中国特色军事变革中成长起来的优秀指挥员，把履行我军使命、维护国家统一看得比生命还重，始终以高昂的精神状态忘我工作，直到生命最后一息，2004年7月杨业功因积劳成疾病逝。当选第十届全国人大代表。被评为全国优秀共产党员，被中央军委追授忠诚履行使命的模范指挥员荣誉称号。全军挂像英模。

王　选

九三学社中央原副主席，北京大学教授

王选（1937年2月—2006年2月），男，汉族，九三学社第九届、十届、十一届中央原副主席，江苏无锡人，北京大学教授，北京大学计算机科学技术研究所原所长，第九届全国人大常委会委员、教科文卫委员会副主任，第八届全国政协委员，第十届全国政协副主席，中国科学院院士，中国工程院院士。他主持研制成功的汉字信息处理与激光照排系统、方正彩色出版系统得到大规模应用，实现了我国出版印刷行业“告别铅与火，迈入光和电”的技术革命，成为我国自主创新和用高新技术改造传统行业的典范。致力于研究成果产业化，主持开发的电子出版系统引发报业和印刷业四次技术革新，使汉字信息处理与激光照排系统占领99%国内报业和80%海外华文报业市场。设立“王选科技创新基金”，支持鼓励青年科技工作者开展科技创新研究。荣获改革先锋称号和国家最高科学技术奖等荣誉。2009年当选100位新中国成立以来感动中国人物。

李中华

空军指挥学院原训练部副部长

李中华（1961年9月—），男，汉族，中共党员，辽宁新宾人，1983年7月入伍，空军指挥学院原训练部副部长，空军级试飞专家、特级飞行员。他先后驾驶和试飞歼击、轰炸、运输3个机种26种机型，成功处置多次空中重大险情。荣立一等功1次、二等功6次、三等功7次，被表彰为全军优秀共产党员、全军爱军精武标兵，被中央军委授予英雄试飞员荣誉称号，2017年获八一勋章。

王永志

原总装备部921工程总设计师

王永志（1932年11月—），男，汉族，中共党员，辽宁昌图人，原总装备部921工程总设计师，中国工程院院士。他是我国“两弹一星”工程重要技术骨干，第二代远程战略导弹技术带头人，载人航天工程首任总设计师，先后参加和主持了多个火箭型号研制设计，为国防科技事业作出了卓越功勋。获全国科学大会奖1项，国家科技进步特等奖和一等奖各2项，1998年获何梁何利科学技术奖，1999年获军队专业技术重大贡献奖，2003年获国家最高科学技术奖，2005年被中央军委授予载人航天功勋科学家荣誉称号，2010年获得小行星命名，2014年被太空探索者协会授予水晶头盔奖。

孔祥瑞

天津港中煤华能煤码头有限公司孔祥瑞操作队原党支部书记、队长

孔祥瑞（1955年1月—），男，汉族，中共党员，天津市人，天津港中煤华能煤码头有限公司孔祥瑞操作队原党支部书记、队长，天津港（集团）有限公司科学技术协会原副主席。参加工作以来，他坚持边干边学，学以致用，练就了“听音断病”的绝活，成为“门机大王”“排障能手”，从一位初中文化的工人成长为生产一线的“蓝领专家”。主持“降低皮带机万吨故障时间”等各类技术创新项目180多项，为企业节支增效过亿元，多次填补了我国港口系统设备接卸煤炭的技术空白。当选中共十七大、十八大代表。荣获全国优秀共产党员、全国劳动模范等称号。2009年当选100位新中国成立以来感动中国人物。

许振超

山东省青岛前湾集装箱码头有限责任公司工程技术部固机高级经理

许振超（1950年1月—），男，汉族，中共党员，山东荣成人，山东省青岛前湾集装箱码头有限责任公司工程技术部固机高级经理，中华全国总工会原副主席（兼职），第十一届、十二届全国人大常委会委员。他立足本职，干一行、爱一行、精一行，自学成才，苦练技术，练就了“一钩准”“一钩净”“无声响操作”等绝活，先后八次刷新集装箱装卸世界纪录，使“振超效率”享誉全球。勇于创新，敢于开拓，带领团队积极开展科技攻关，持续破解安全生产难题，填补国际技术空白，为国家节约巨额成本。在工作中创造出“振超工作法”，为青岛港提速建设发展提供了宝贵经验。在他的激励下，全国广大青年职工掀起了立足岗位、学习技能的热潮。荣获改革先锋、全国优秀共产党员、全国劳动模范、全国道德模范等称号。2009年当选100位新中国成立以来感动中国人物。

杰桑·索南达杰

青海省玉树藏族自治州治多县委原副书记、县西部工委原书记

杰桑·索南达杰（1954年4月—1994年1月），男，藏族，中共党员，青海治多人，青海省玉树藏族自治州治多县委原副书记、县西部工委原书记。1994年1月18日，杰桑·索南达杰和4名队员在可可西里抓获了20名盗猎分子，缴获了7辆汽车和1800多张藏羚羊皮，在押送犯罪分子返县途中，遭犯罪分子袭击。他在无人区与持枪偷猎者对峙，流尽了最后一滴血，被可可西里零下40℃的风雪塑成了一尊令人震撼的冰雕。1996年5月被授予环保卫士称号。荣获改革先锋称号。

王　瑛

四川省南江县委原常委、纪委原书记

王瑛（1961年11月—2008年11月），女，回族，中共党员，四川巴中人，四川省南江县委原常委、纪委原书记。她奋战在纪检监察一线20年，探索创新纪检监察工作为民服务零距离、干群关系零隔阂、监督监察零空档、案件查处零搁置、再塑形象零起点的“五个零”工作法，严格监督执纪问责，坚决维护党的纪律、国家法律权威，营造了风清气正的良好环境。她对党忠诚，鞠躬尽瘁，身患肺癌战斗到生命最后一刻，用实际行动诠释了全心全意为人民服务的宗旨。2009年，以她的事迹改编的电视剧《远山的红叶》及大型话剧《红叶旅途》在全社会引起强烈反响。荣获改革先锋、全国纪检监察系统先进工作者标兵称号，被追授全国优秀共产党员、全国三八红旗手称号。2009年当选100位新中国成立以来感动中国人物。

王顺友

四川省凉山州邮政公司副调研员

王顺友（1965年10月—），男，苗族，中共党员，四川凉山州木里藏族自治县人，四川省凉山州邮政公司副调研员，木里县邮政公司专职党支部副书记。1985年，他开始从事邮件投递工作，33年坚守在邮政投递岗位上，扎根基层，立足本职，在平凡的岗位上默默奉献，为邮政投递事业作出了突出贡献，被人们称为“马班邮路上的忠诚信使”。当选中共十八大代表。荣获全国优秀共产党员、全国劳动模范、全国道德模范等称号和全国五一劳动奖章。2009年当选100位新中国成立以来感动中国人物。

廷·巴特尔

内蒙古自治区阿巴嘎旗萨如拉图雅嘎查原党支部书记

廷·巴特尔（1955年6月—），男，蒙古族，中共党员，内蒙古呼和浩特人，内蒙古自治区阿巴嘎旗萨如拉图雅嘎查原党支部书记。1974年，他从呼和浩特市来到洪格尔高勒镇萨如拉图雅嘎查下乡，由一名城市青年成为普通牧民，不断探索草原生态保护与经济发展的结合点，带领牧民划区轮牧、建设草原、积极调整畜群结构，进行精细化、科学化养殖，牧民人均纯收入从40年前的40元增加到现在的1.88万元，草原得到合理保护和利用，实现了生态保护与牧民增收的双赢。荣获改革先锋、全国优秀共产党员、全国劳动模范、全国民族团结进步模范个人等称号。2009年当选100位新中国成立以来感动中国人物。

方　工

北京市人民检察院原党组成员、副检察长

方工（1951年5月—），男，回族，中共党员，河北易县人，北京市人民检察院原党组成员、副检察长。1979—2013年在北京市检察院工作，从检34年承办3000余件案件都经得起检验，曾出色办理一系列社会高度关注的大案要案。荣获全国五一劳动奖章。荣获全国模范检察官、中国十大杰出检察官等称号。2002年，中央宣传部、中央政法委、最高人民检察院和北京市委将方工作为“全国公正执法的楷模”重大先进典型进行宣传。

乌国庆

公安部刑侦局巡视员，刑侦专家

乌国庆（1936年12月—2019年6月），男，蒙古族，中共党员，内蒙古宁城人，公安部刑侦局巡视员，刑事技术高级工程师，公安部科学技术委员会委员，国家处置爆炸恐怖袭击事件咨询组专家。他是一名一辈子奋战在刑侦一线的“老兵”，50多年来参与侦破了几乎所有国内外有重大影响的特大案件和疑难案件，无一错案；他也是一位诲人不倦的良师，为国家培养了无数刑侦领域的后起之秀；他是新中国培养的第一代刑侦专家，被国内外同行赞誉为“中国的福尔摩斯”。荣获全国民族团结进步模范、全国先进工作者、全国公安系统一级英雄模范、全国公安战线英雄模范等称号，多次荣立个人一、二、三等功。

王有德

宁夏回族自治区灵武市白芨滩国家级自然保护区管理局原党委书记、局长

王有德（1953年9月—），男，回族，中共党员，宁夏灵武人，宁夏回族自治区灵武市白芨滩国家级自然保护区管理局原党委书记、局长。他带领职工大力推进防沙治沙，营造防风固沙林60万亩，控制流沙近百万亩，有效阻止毛乌素沙漠的南移和西扩，呈现出人进沙退的可喜局面。探索形成“五位一体”防沙治沙综合发展模式，实现了“沙漠绿、场子活、职工富”的奋斗目标，为全国防沙治沙提供了宝贵经验。荣获改革先锋、全国优秀共产党员、全国先进工作者、全国治沙英雄、全国绿化先进工作者等称号。2009年当选100位新中国成立以来感动中国人物，2019年被授予人民楷模国家荣誉称号。

白方礼

原天津市河北汽车运输厂退休职工

白方礼（1913年6月—2005年9月），男，汉族，河北沧州人，原天津市河北汽车运输厂退休职工。1987年，已经74岁的白方礼决定靠自己蹬三轮车的微薄收入帮助贫困孩子实现上学的梦想，贷款成立了“白方礼支教公司”，累计捐款35万元，帮助300多个孩子圆了上学梦。他生活俭朴，每天午饭总是两个馒头一碗白开水，无私的支教义举，被誉为“驮在车轱辘上的丰碑”。荣获全国关心下一代先进工作者等称号。2009年当选100位新中国成立以来感动中国人物。

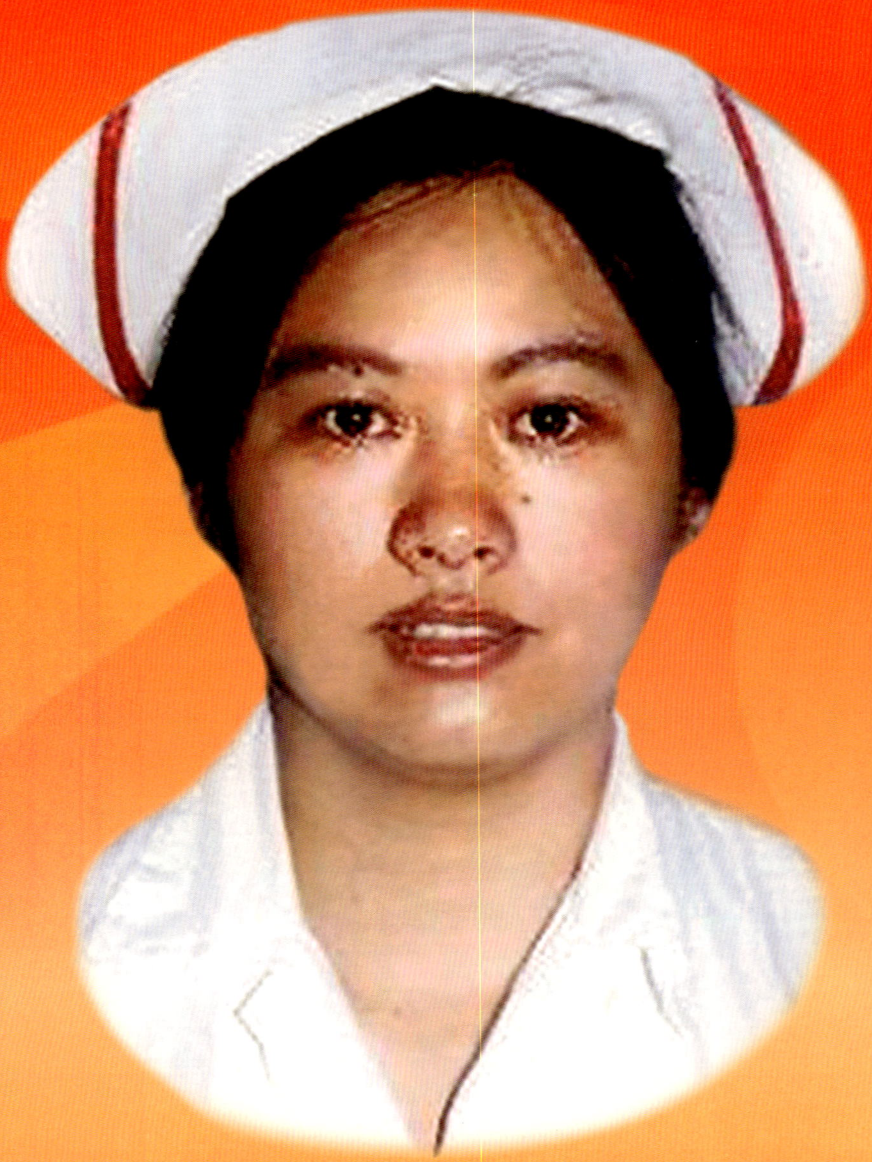

叶 欣

广东省中医院二沙岛分院急诊科原护士长

叶欣（1956年7月—2003年3月），女，汉族，中共党员，广东徐闻人，广东省中医院二沙岛分院急诊科原护士长。1974年被招进广东省中医院卫训队学习，1976年毕业，因护理能力测试成绩名列前茅留院工作。2003年春节前后，“非典”疫情形势逐渐严峻，急诊科护士力量出现了明显不足，叶欣主动申请加班，在抢救“非典”病人过程中，不幸染上非典型肺炎。同年3月25日凌晨，叶欣经抢救无效去世，年仅47岁，被追授为全国优秀共产党员、人民健康好卫士称号。荣获白求恩奖章、南丁格尔奖章。2009年当选100位新中国成立以来感动中国人物。

孟二冬

北京大学中文系教授、博士生导师

孟二冬（1957年1月—2006年4月），男，汉族，中共党员，安徽宿州人，北京大学中文系教授、博士生导师。他淡泊名利，甘于寂寞，潜心治学，撰写了《中国诗学通论》（合著）、《中唐诗歌之开拓与新变》等400多万字的专著，完成了100多万字的《〈登科记考〉补正》，得到我国文学界和史学界的高度评价。在新疆石河子大学支教期间，他嗓子严重喑哑，但坚持为学生和教师授课，直至病倒在讲台上。在北京治疗期间，已患食管恶性肿瘤的他仍以顽强的毅力坦然面对病痛折磨，坚持课题研究和指导研究生的工作。荣获全国五一劳动奖章。荣获全国模范教师等称号，被追授为全国优秀共产党员。2009年当选100位新中国成立以来感动中国人物。

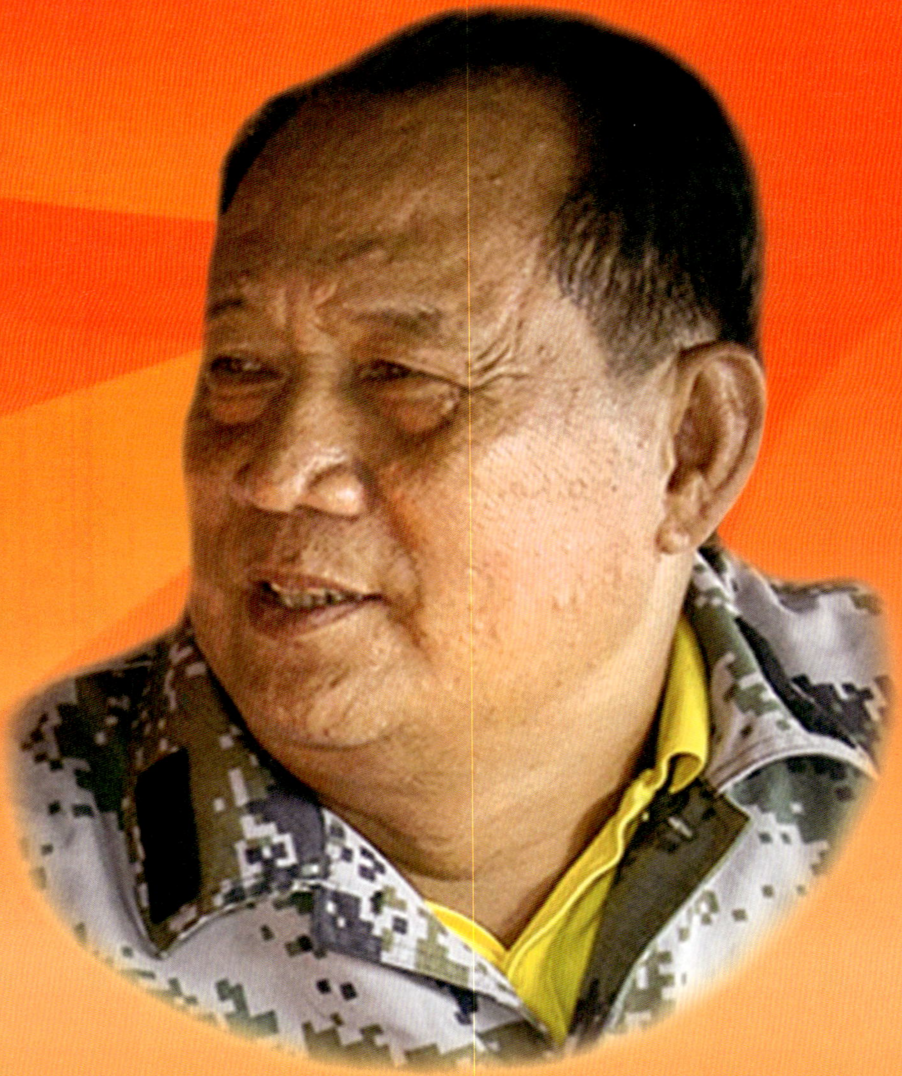

王书茂

海南省琼海市潭门镇潭门村党支部纪检委员、潭门镇海上民兵连副连长

王书茂（1956年12月—），男，汉族，中共党员，海南琼海人，海南省琼海市潭门镇潭门村党支部纪检委员、潭门镇海上民兵连副连长。他积极投身维护南海领土主权和海洋权益，先后参加多项国家重大涉海工作，培养南海维权民间力量。在南海维权中敢于斗争，充分发挥了民间力量的积极作用。带领群众造大船、闯远海致富，成为潭门镇带头致富、带领群众致富的“双带”典型。当选第十三届全国人大代表。荣获改革先锋、全国劳动模范称号。

甘远志

海南日报社经济部主任记者

甘远志（1965年2月—2004年9月），男，汉族，中共党员，四川广安人，海南日报社经济部主任记者。1986年秋天，他从四川大学中文系毕业后，回到家乡成为南充日报记者、编辑，1992年荣获南充地区新长征突击手称号。2001年他应聘到海南日报记者岗位，在海南日报社工作1095天，发表稿件达1051篇，有162篇被报社评为“好稿”。2004年9月4日，甘远志在海南省东方市采访途中突发心脏病，不幸逝世，年仅39岁。2009年当选100位新中国成立以来感动中国人物。

库尔班·尼亚孜

新疆维吾尔自治区阿克苏地区乌什县前进镇国家通用语言小学校长

库尔班·尼亚孜（1964年5月—），男，维吾尔族，中共党员，新疆乌什人，新疆维吾尔自治区阿克苏地区乌什县前进镇国家通用语言小学校长。他敢为人先，冲破思想观念的束缚，2003年拿出家中所有积蓄60余万元，创办前进镇国家通用语言小学，并挨家挨户动员乡亲们送孩子学习国家通用语言，用教育改变贫穷落后面貌。不断创新教学模式，摸索教学方法，积极开设国学课堂，组织学生背诵古诗词、唱京剧、练书法等，大力弘扬中华传统文化，对新疆国家通用语言教育发展起到了示范引领作用，为增进民族团结作出了积极贡献，被誉为“民族团结进步的践行者”。荣获改革先锋称号。

李桂林、陆建芬夫妇

四川省甘洛县乌史大桥乡二坪村小学教师

李桂林（1967年11月—），男，彝族，中共党员，四川汉源人，四川省甘洛县乌史大桥乡二坪村小学教师。

陆建芬（1966年11月—），女，彝族，中共党员，四川汉源人，四川省甘洛县乌史大桥乡二坪村小学教师。

李桂林、陆建芬夫妇在四川省凉山彝族自治州甘洛县乌史大桥乡二坪村小学坚守了29年，把一批又一批的彝族孩子送出大山，让他们去更广阔的世界里飞翔。夫妻俩撑起这所云端上的学校，各项指标在全县名列前茅，成为远近闻名的模范学校。20年在悬崖天梯上接送学生，29年周六义务给学生补课，无偿给学生购买药品，义务给学生理发。荣获全国模范教师等称号。2009年当选100位新中国成立以来感动中国人物。

英雄模范人物

2010—2019

廖俊波

福建省南平市委原常委、
原副市长、武夷新区
党工委原书记

黄大年

吉林大学地球探测科学与
技术学院教授、
博士生导师

李保国

河北农业大学林学院
二级教授、博士生导师

南仁东

国家重大科技基础设施
FAST工程首席科学家、
总工程师

罗　阳

中航工业沈阳
飞机工业（集团）有限
公司原董事长、原总经
理、党委原副书记

屠呦呦

中国中医科学院青蒿素
研究中心研究员

张富清

原西北野战军359旅战士、
中国建设银行湖北省分行
来凤支行离休干部

王继才、王仕花夫妇

江苏省灌云县
开山岛原守岛民兵

张黎明

国家电网滨海分公司运检部
配电运检室党支部副书记、
配电抢修班班长

刘传健

四川航空股份有限公司重庆分公司飞行分部责任机长

万少华

浙江省衢州市柯城区人民医院党委书记

张　飚

新疆维吾尔自治区石河子市人民检察院监所检察科原正科级检察员

黄文秀

广西壮族自治区百色市党委宣传部干部、乐业县新化镇百坭村原第一书记

杜富国

陆军某扫雷排爆大队战士

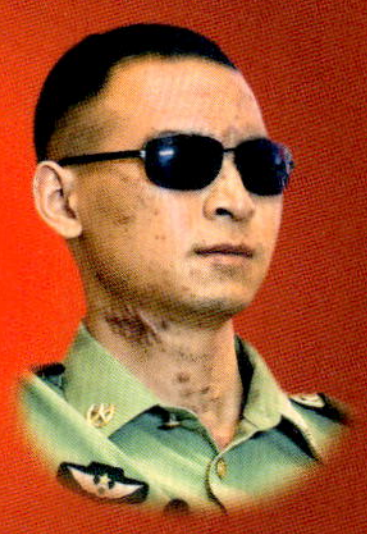

廖俊波

福建省南平市委原常委、原副市长、武夷新区党工委原书记

廖俊波（1968年8月—2017年3月），男，汉族，中共党员，福建浦城人，福建省南平市委原常委、原副市长、武夷新区党工委原书记。他毕生笃定社会主义理想和共产主义信念，把对党忠诚、爱拼敢闯作为安身立命之本。任福建省政和县委书记期间，大力发展现代农业，全县经济社会发展成效显著，贫困人口减少3万多人。任南平市委常委、副市长期间，致力于城市规划建设，有力支撑南平经济社会发展。兼任武夷新区党工委书记期间，组织开展“新区建设攻坚战”，实行片区指挥长负责制，有效推动项目提速提效。荣获时代楷模、全国优秀共产党员等称号。

黄大年

吉林大学地球探测科学与技术学院教授、博士生导师

黄大年（1958年8月—2017年1月），男，汉族，中共党员，广西南宁人，吉林大学地球探测科学与技术学院教授、博士生导师，著名地球物理学家。2009年，他毅然放弃国外优越条件回到祖国，带领团队辛勤奉献，顽强攻关，取得一系列重大科技成果，填补多项国内技术空白，部分成果达到国际领先水平，为我国深地资源探测和国防安全建设作出了突出贡献。2017年1月8日因病不幸去世。2017年5月24日，习近平总书记对黄大年同志先进事迹作出重要指示。荣获时代楷模、全国优秀共产党员、全国优秀教师等称号和全国五一劳动奖章。

李保国

河北农业大学林学院二级教授、博士生导师

李保国（1958年2月—2016年4月），男，汉族，中共党员，河北武邑人，河北农业大学林学院二级教授、博士生导师。他始终奋战在科技兴农、扶贫攻坚和教书育人第一线，先后取得研究成果28项，获得省部级以上奖励18项，技术累计应用面积1826万亩，打造系列全国知名品牌，带动山区农民增收58.5亿元。参与研究提出聚集土壤、聚集径流“两聚”理论，使邢台前南峪森林覆盖率达到90.7%，植被覆盖率达到94.6%。荣获改革先锋、时代楷模、全国优秀共产党员、全国先进工作者、全国优秀教师、全国脱贫攻坚模范等称号。2019年被授予人民楷模国家荣誉称号。

南仁东

国家重大科技基础设施FAST工程首席科学家、总工程师

南仁东（1945年2月—2017年9月），男，满族，吉林辽源人，国家重大科技基础设施FAST工程首席科学家、总工程师。他潜心天文研究，坚持自主创新，主导提出利用我国贵州省喀斯特洼地作为望远镜台址，从论证立项到选址建设历时22年，主持攻克了一系列技术难题，为FAST重大科学工程建设发挥了关键作用，实现了中国拥有世界一流水平望远镜的梦想。他的爱国情怀、科学精神和勇于担当堪称楷模，激励着广大科技工作者继往开来、不懈奋斗。荣获改革先锋、时代楷模称号和全国创新争先奖。2019年被授予人民科学家国家荣誉称号。

罗　阳

中航工业沈阳飞机工业（集团）有限公司原董事长、原总经理、党委原副书记

罗阳（1961年6月—2012年11月），男，汉族，中共党员，辽宁沈阳人，中航工业沈阳飞机工业（集团）有限公司原董事长、原总经理、党委原副书记。1982年参加工作以来，立足航空一线，在平凡的岗位上建立了卓越功勋。任职期间，以“十个统筹”指导企业发展，企业主要经济指标连年增长。他把军机研制生产作为最大的政治任务，“十一五”时期，完成了多个型号新机首飞和设计定型，实现了国家战略工程项目的重大突破和生产能力的新突破。2012年11月25日，作为歼－15飞机的现场研制总指挥，他随我国第一艘航空母舰辽宁舰出海执行歼－15舰载机首次起降训练。任务完成后返回大连当日，突发心肌梗死、心源性猝死，以身殉职。荣获改革先锋等称号。

屠呦呦

中国中医科学院青蒿素研究中心研究员

屠呦呦（1930年12月—），女，汉族，中共党员，浙江宁波人，中国中医科学院青蒿素研究中心研究员，中国中医科学院青蒿素研究中心主任。她致力于中医研究实践，带领团队攻坚克难，研究发现了青蒿素，为人类带来了一种全新结构的抗疟新药，解决了长期困扰的抗疟治疗失效难题，标志着人类抗疟步入新纪元。以青蒿素类药物为基础的联合用药疗法（ACT）是世界卫生组织推介的最佳疟疾治疗方法，挽救了全球特别是发展中国家数百万人的生命，产生巨大的经济社会效益，为中医药科技创新和人类健康事业作出重要贡献。获诺贝尔生理学或医学奖、国家最高科学技术奖，荣获改革先锋、全国优秀共产党员、全国三八红旗手标兵等称号。2019年被授予共和国勋章。

张富清

原西北野战军359旅战士、中国建设银行湖北省分行来凤支行离休干部

张富清（1924年12月—），男，汉族，中共党员，陕西洋县人，原西北野战军359旅战士、中国建设银行湖北省分行来凤支行离休干部。他在解放战争的枪林弹雨中九死一生，先后荣立一等功3次、二等功1次，被西北野战军记特等功，两次获得战斗英雄荣誉称号。1955年所在部队调整，已是359旅正连职干部的他响应号召选择去了偏僻的来凤县，为贫困山区奉献一生。60多年来，他坚守初心、不改本色，深藏功名、为民造福，用自己的朴实纯粹、淡泊名利书写了精彩人生。荣获时代楷模、全国优秀共产党员称号。2019年被授予共和国勋章。

王继才、王仕花夫妇

江苏省灌云县开山岛原守岛民兵

王继才（1960年4月—2018年7月），男，汉族，中共党员，江苏灌云人，江苏省灌云县开山岛原守岛民兵，江苏省灌云县开山岛民兵哨所原所长、党支部原书记。

王仕花（1961年11月—），女，汉族，中共党员，江苏灌云人，江苏省灌云县开山岛原守岛民兵。

1986年7月，王继才奉命守卫黄海前哨开山岛，妻子王仕花也登岛驻守。32年来，他们以海岛为家，与艰苦为伴，无怨无悔，把青春年华全部献给了祖国海防事业。王继才逝世后，王仕花于2018年12月任开山岛民兵哨所名誉所长。2018年，习近平总书记对王继才先进事迹作出重要指示，强调要大力倡导爱国奉献精神，使之成为新时代奋斗者的价值追求。王继才、王仕花夫妇荣获时代楷模、全国爱国拥军模范等称号，王继才被追授全国优秀共产党员称号，王仕花荣获全国三八红旗手称号。2019年王继才被授予人民楷模国家荣誉称号。

张黎明

国家电网滨海分公司运检部配电运检室党支部副书记、配电抢修班班长

张黎明（1969年8月—），男，汉族，中共党员，河北沧州人，国家电网滨海分公司运检部配电运检室党支部副书记、配电抢修班班长。自1987年参加工作以来，始终奋战在电力抢修一线，累计巡线8万多公里，完成故障抢修作业近2万次。勇于创新，先后实现技术革新400余项，20多项填补电力行业空白，是知识型、技能型、创新型劳动者的杰出代表。模范践行全心全意为人民服务的根本宗旨，带领黎明共产党员服务队，十年如一日开展学雷锋志愿服务，受到群众的广泛赞誉。当选中共十九大代表。荣获改革先锋、时代楷模、全国劳动模范、全国优秀共产党员等称号。

钟 扬

复旦大学研究生院原院长、生命科学学院教授

钟扬（1964年5月—2017年9月），男，汉族，中共党员，湖南邵阳人，复旦大学研究生院原院长、生命科学学院教授。他长期从事植物学、生物信息学研究和教学工作，取得一系列重要研究成果。率领团队在青藏高原为国家收集了数千万颗植物种子；艰苦援藏16年，为西部少数民族地区的人才培养、学科建设和科学研究作出了重要贡献；以德修身、以德立学，用心尽力帮助学生成才。2017年9月25日，他在为民族地区干部讲课的出差途中遭遇车祸，不幸逝世，年仅53岁。被追授时代楷模、全国优秀共产党员等荣誉称号。

黄群、宋月才、姜开斌

中船重工第七六〇研究所抗灾抢险英雄群体代表

黄群（1967年5月—2018年8月），男，汉族，中共党员，湖北武汉人，中船重工第七六〇研究所党委原委员、原副所长。

宋月才（1957年1月—2018年8月），男，汉族，中共党员，辽宁丹东人，中船重工第七六〇研究所某试验平台负责人，曾任海军某部艇长、基地副主任等。

姜开斌（1956年12月—2018年8月），男，汉族，中共党员，湖南常德人，中船重工第七六〇研究所某试验平台机电负责人，曾任海军某部舰艇机电长。

2018年8月20日，第18号台风“温比亚”过境辽宁省大连市，受其影响，停靠在中船重工第七六〇研究所的国家某重点试验平台出现重大险情。在危急紧要关头，中船重工第七六〇研究所党委委员、副所长黄群等17名同志，面对台风和巨浪，挺身而出、英勇无惧，对试验平台进行加固作业。作业过程中，黄群、宋月才、姜开斌被巨浪卷入海中，英勇牺牲。习近平总书记作出重要指示，褒扬他们用实际行动诠释了共产党员对党忠诚、恪尽职守、不怕牺牲的优秀品格，用宝贵生命践行了共产党员“随时准备为党和人民牺牲一切”的初心和誓言，他们是共产党员的优秀代表、时代楷模。2018年，黄群、宋月才、姜开斌被追授全国优秀共产党员称号，中船重工第七六〇研究所抗灾抢险英雄群体被授予时代楷模称号。

景海鹏

中国人民解放军31677部队副部队长

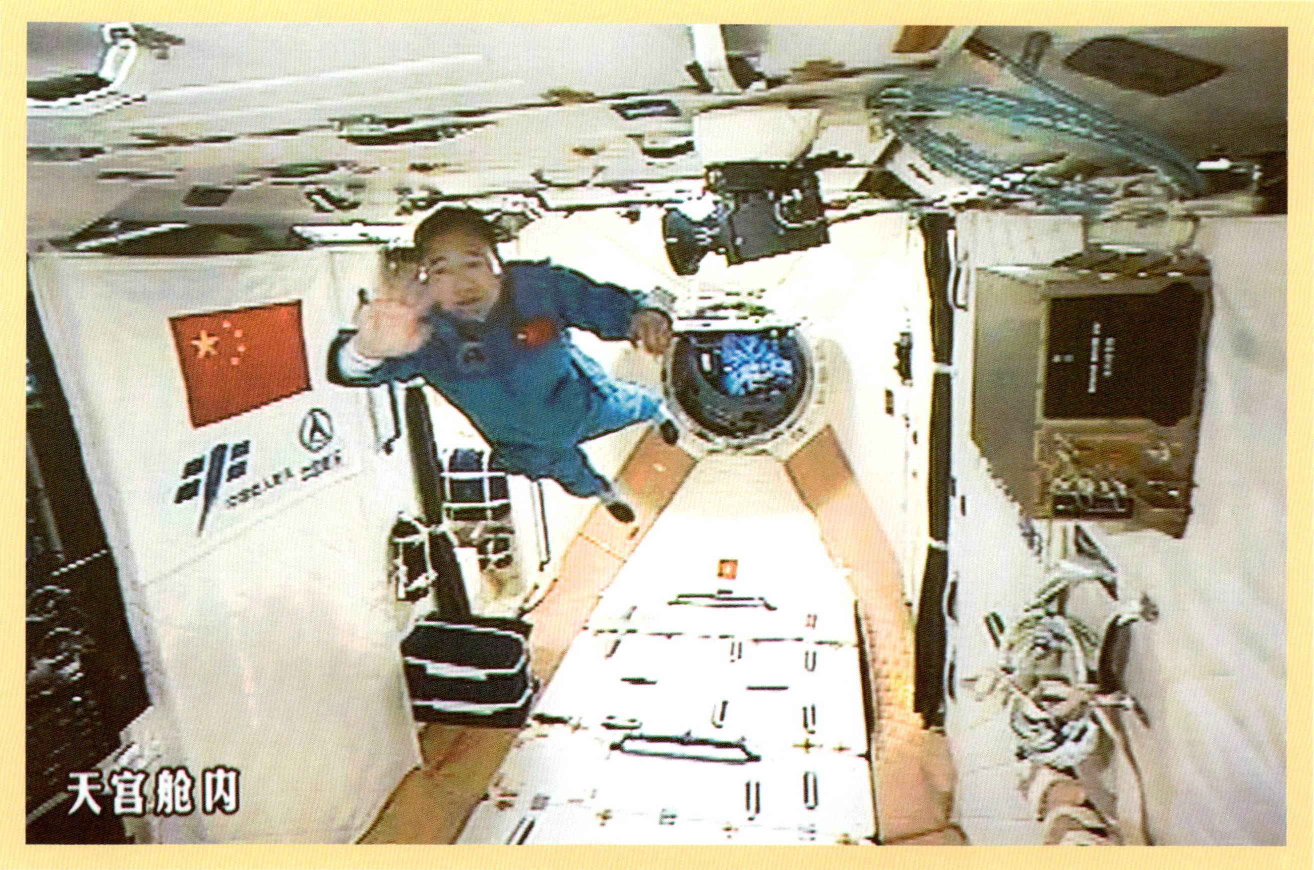

景海鹏（1966年10月—），男，汉族，中共党员，山西运城人，1985年6月入伍，中国人民解放军31677部队副部队长。他先后圆满执行神舟七号载人飞行任务、天宫一号与神舟九号载人交会对接任务、天宫二号与神舟十一号载人飞行任务，成就了三巡苍穹的中国奇迹。被中共中央、国务院、中央军委授予英雄航天员荣誉称号，荣获改革先锋称号，2017年获八一勋章。

郭明义

鞍钢集团矿业公司齐大山铁矿生产技术室采场公路管理业务主管

郭明义（1958年12月—），男，汉族，中共党员，辽宁鞍山人，鞍钢集团矿业公司齐大山铁矿生产技术室采场公路管理业务主管，中华全国总工会兼职副主席，第十八届、十九届中央候补委员。他40多年如一日学雷锋做好事，时时处处发挥共产党员的先锋模范作用，被人民群众誉为“当代雷锋”。从2009年发起成立郭明义爱心团队，全国各地已建立1000余支分队，180多万名志愿者参加。荣获改革先锋、全国优秀共产党员、全国道德模范等称号和全国五一劳动奖章。

张　超

海军某舰载航空兵部队原中队长

张超（1986年8月—2016年4月），男，汉族，中共党员，湖南岳阳人，2004年9月入伍，海军某舰载航空兵部队原中队长，一级飞行员。2016年4月27日在执行上舰前陆基飞行训练任务时，由于歼-15战机突发故障，短短4.4秒时间内，他全力挽救飞机，错过跳伞自救的最佳时机，不幸以身殉职，为海军舰载战斗机飞行事业献出了年仅29岁的生命。全军挂像英模，被追授全国优秀共产党员、时代楷模称号。2016年11月，被中央军委追授逐梦海天的强军先锋荣誉称号。2019年被授予人民英雄国家荣誉称号。

邹碧华

上海市高级人民法院原副院长

邹碧华（1967年1月—2014年12月），男，汉族，中共党员，江西奉新人，上海市高级人民法院原副院长。他将信息化前沿性技术引入司法改革，主持起草司法改革多项制度，在全国率先提出司法体制改革项目化管理理念，为上海司法改革试点乃至全国司法体制改革作出突出贡献。2014年12月10日因公殉职，年仅47岁。被追授时代楷模、全国优秀共产党员称号，荣获改革先锋、全国模范法官等称号。

叶　聪

中国船舶重工集团有限公司第七〇二研究所副所长、水下工程研究开发部主任

叶聪（1979年11月—），男，汉族，中共党员，湖北黄陂人，中国船舶重工集团有限公司第七〇二研究所副所长、水下工程研究开发部主任。他长期从事载人潜水器的研究、设计和研发工作，通过不懈努力，终将“蛟龙号”从图纸变为现实。出于对载人深潜事业的热爱，主动肩负起试航员的重担，作为主驾驶员参与“蛟龙号”深潜作业共计50次，最大下潜深度达到7062米。荣获改革先锋、载人深潜英雄称号和全国五一劳动奖章、中国青年五四奖章。

黄大发

贵州省遵义市播州区平正仡佬族乡团结村党支部名誉书记

黄大发（1935年11月—），男，汉族，中共党员，贵州遵义人，贵州省遵义市播州区平正仡佬族乡团结村党支部名誉书记。他率领群众历时30余年，靠着风钻、钢钎、铁锤等简单工具，硬生生凿出一条绕三重大山、过三道绝壁、穿三道险崖，主渠长7200米、支渠长2200米的“天渠”，结束了当地长期缺水的历史；一生只为一清渠，渠通再开致富路。水通后，他又带领群众修村路、架电线、“坡改梯”、建学校，改变了当地贫穷落后的面貌，用实际行动践行了新时代愚公移山精神，被称为“当代愚公”。荣获时代楷模、全国道德模范、全国基层理论宣讲先进个人等称号和2017年全国脱贫攻坚奋进奖。

卓嘎、央宗姐妹

西藏自治区山南市隆子县玉麦乡牧民

卓嘎（1961年9月—），女，藏族，中共党员，西藏隆子县人，西藏自治区山南市隆子县玉麦乡牧民。

央宗（1963年6月—），女，藏族，中共党员，西藏隆子县人，西藏自治区山南市隆子县玉麦乡牧民。

20世纪60年代以来，姐妹俩在父亲桑杰曲巴的影响和带领下，高举爱国主义伟大旗帜，始终秉持“家是玉麦，国是中国，放牧守边是职责”的坚定信念，几十年如一日以抵边放牧、巡逻的方式守护着祖国数千平方公里的国土，用实际行动践行了“再苦再累也要守好祖国每一寸土地”的郑重承诺，谱写了爱国守边的动人故事和时代赞歌。卓嘎、央宗姐妹荣获时代楷模、全国三八红旗手等称号。

潘建伟

九三学社中央副主席，中国科学技术大学常务副校长，中国科协副主席

潘建伟（1970年3月—），男，汉族，九三学社中央副主席，浙江东阳人，中国科学技术大学常务副校长，中国科协副主席，中国科学院院士。他是国际量子信息实验研究领域的开拓者，突破量子信息处理关键技术，解决量子保密通信在现实条件下的安全性问题。牵头研制成功国际上首颗量子科学实验卫星“墨子号”，主导完成量子保密通信“京沪干线”技术验证机应用示范项目，构建了首个空地一体的广域量子保密通信网络雏形，使我国量子保密通信的实验研究和应用研究处于国际领先水平。获国家自然科学奖一等奖、军队科技进步奖一等奖，荣获改革先锋称号。

王　刚

武警新疆维吾尔自治区总队某支队支队长

王刚（1972年12月—），男，汉族，中共党员，新疆阿克苏人，1991年12月入伍，武警新疆维吾尔自治区总队某支队支队长。入伍28年来，他始终牢记使命职责，忠诚于党、忠于人民，精武强能、一心务战，勇于担当、敬业奉献，带领部队打赢反恐维稳战斗10余次，参加抢险救灾和重大临时性任务30多次。荣立一等功2次、二等功1次、三等功12次，被武警部队评为中国武警十大忠诚卫士、反恐维稳先进个人，2017年获八一勋章。

王忠心

火箭军某旅技术营测试连班长

王忠心（1968年9月—），男，汉族，中共党员，安徽休宁人，1986年12月入伍，火箭军某旅技术营测试连班长。他从军33年，担任班长29年，熟练操作3种型号导弹、精通19个导弹测控岗位、执行重大任务30余次、参加实装操作1500多次、排除故障200多起，荣立二等功1次、三等功2次，4次荣获全军士官优秀人才奖，被表彰为全军爱军精武标兵。当选第十二届全国人大代表。荣获全国道德模范称号，2017年获八一勋章。

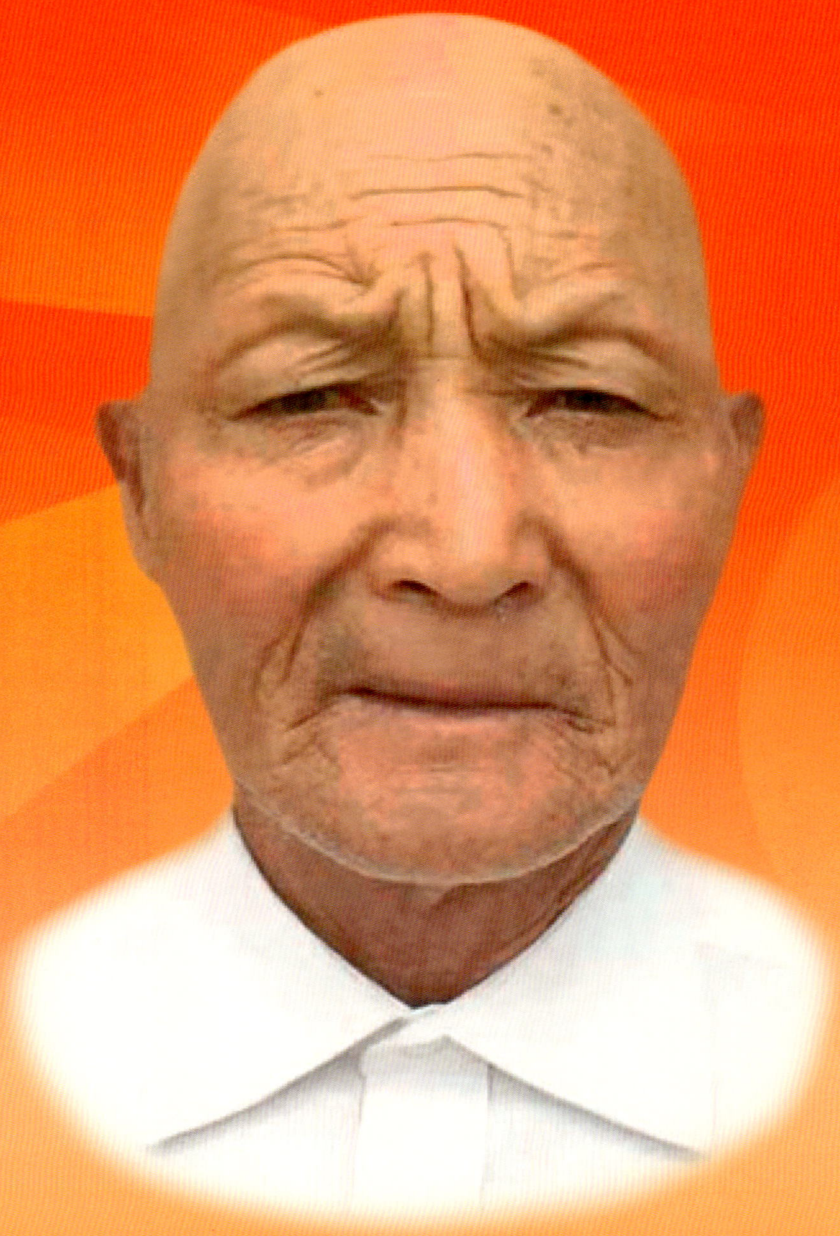

魏德友

新疆生产建设兵团第九师一六一团护边员

魏德友（1940年11月—），男，汉族，中共党员，山东沂水人，新疆生产建设兵团第九师一六一团护边员。1960年8月参加工作，1964年转业到兵团第九师一六一团原兵2连，2000年光荣退休。1964年魏德友和妻子来到萨尔布拉克草原，坚持在边境线上放牧巡边，总里程达20多万公里，相当于绕地球赤道5圈；堵截越界牲畜数以万计，劝返临界人员千余人次，至今未发生一起涉外事件。荣获时代楷模、全国道德模范等称号。

赵亚夫

江苏省镇江市人大常委会原副主任

赵亚夫（1941年4月—），男，汉族，中共党员，江苏常州人，江苏省镇江市人大常委会原副主任，镇江市农科所原所长、原党委书记。他扎根农村，献身农业，与农民一道艰苦探索，开辟一条通过科技兴农、以农富农，实现“农民共同富裕、农业生态高效、农村可持续发展”的新型农村小康社会建设之路，带领数十万老区农民实现了“小康梦”。当选中共十四大代表。荣获时代楷模、全国优秀共产党员、全国道德模范、全国优秀领导干部、全国扶贫先进人物、全国先进工作者等称号。

马善祥

重庆市江北区观音桥街道人民调解委员会“老马工作室”负责人

马善祥（1955年11月—），男，回族，中共党员，四川隆昌人，重庆市江北区观音桥街道人民调解委员会“老马工作室”负责人。他热爱群众工作，对群众充满感情，将一心为民的信念贯彻工作始终，把让群众满意作为价值追求。从事人民调解和群众思想政治工作近30年，撰写152本520多万字工作笔记，成功化解2000多件矛盾纠纷，维护了辖区和谐稳定，在学习实践中总结出“民为本、义致和”六字理念、遵循“情、理、法、事”十三要则、依托“3441”保障制度、老马“三十六策”等一整套“老马工作法”。当选第十三届全国人大代表。荣获改革先锋、时代楷模、全国优秀共产党员、全国先进工作者等称号。

朱国萍

上海市长宁区虹桥街道虹储居民区党总支原书记

朱国萍（1957年11月—），女，汉族，中共党员，江苏南通人，上海市长宁区虹桥街道虹储居民区党总支原书记。她始终恪尽职守，眼里望着居民，脑中想着居民，心里装着居民，30多年扎根社区，创立六项社区党建基本法，被中央领导誉为基层“小巷总理”。当选中共十六大、十七大代表，第十一届、十二届全国人大代表。荣获全国优秀共产党员、全国劳动模范、全国道德模范等称号。在她的引领下，虹储小区获得了全国精神文明建设工作先进单位、全国和谐社区建设示范社区等称号，并连续20年被评为上海市文明小区。

高德荣

云南省怒江州人大常委会原党组成员、副主任

高德荣（1954年3月—），男，独龙族，中共党员，云南贡山人，云南省怒江州人大常委会原党组成员、副主任。历任云南省贡山县独龙江乡长，贡山副县长、县人大常委会主任、县长，怒江州人大常委会副主任等职务。他扎根边疆一生，一心为公、一心为民，踏实做人、无私做事，不徇私情、不谋私利，把个人的人生追求融入党和人民事业中，融入边疆各族人民实现共同梦想的生动实践中，展示了一个心中有党不忘恩、心中有民不忘本、心中有责不懈怠、心中有戒不妄为的优秀民族干部形象。荣获时代楷模、全国优秀共产党员、全国民族团结进步模范等称号。2019年被授予人民楷模国家荣誉称号。

刘传健

四川航空股份有限公司重庆分公司飞行分部责任机长

刘传健（1972年11月—），男，中共党员，重庆市人，四川航空股份有限公司重庆分公司飞行分部责任机长。他1991年入伍，2006年从部队退役，加入四川航空股份有限公司，现已安全飞行13926小时。飞行28年来，他始终牢记确保飞行安全这一最高职责，把安全飞行规章标准踏踏实实地落实到每一个航班飞行的全过程，先后执行过多个航班保障任务。2018年5月14日，驾驶3U8633航班于重庆江北机场起飞，进入成都区域，在飞行高度为9800米高空发生驾驶舱风挡玻璃爆裂脱落、座舱释压的紧急情况，生死关头，他沉着果断处置险情，确保机上119名人员生命安全。习近平总书记授予刘传健及其团队“英雄机长”“英雄机组”称号。2018年，中宣部、退役军人事务部授予刘传健最美退役军人称号。

万少华

浙江省衢州市柯城区人民医院党委书记

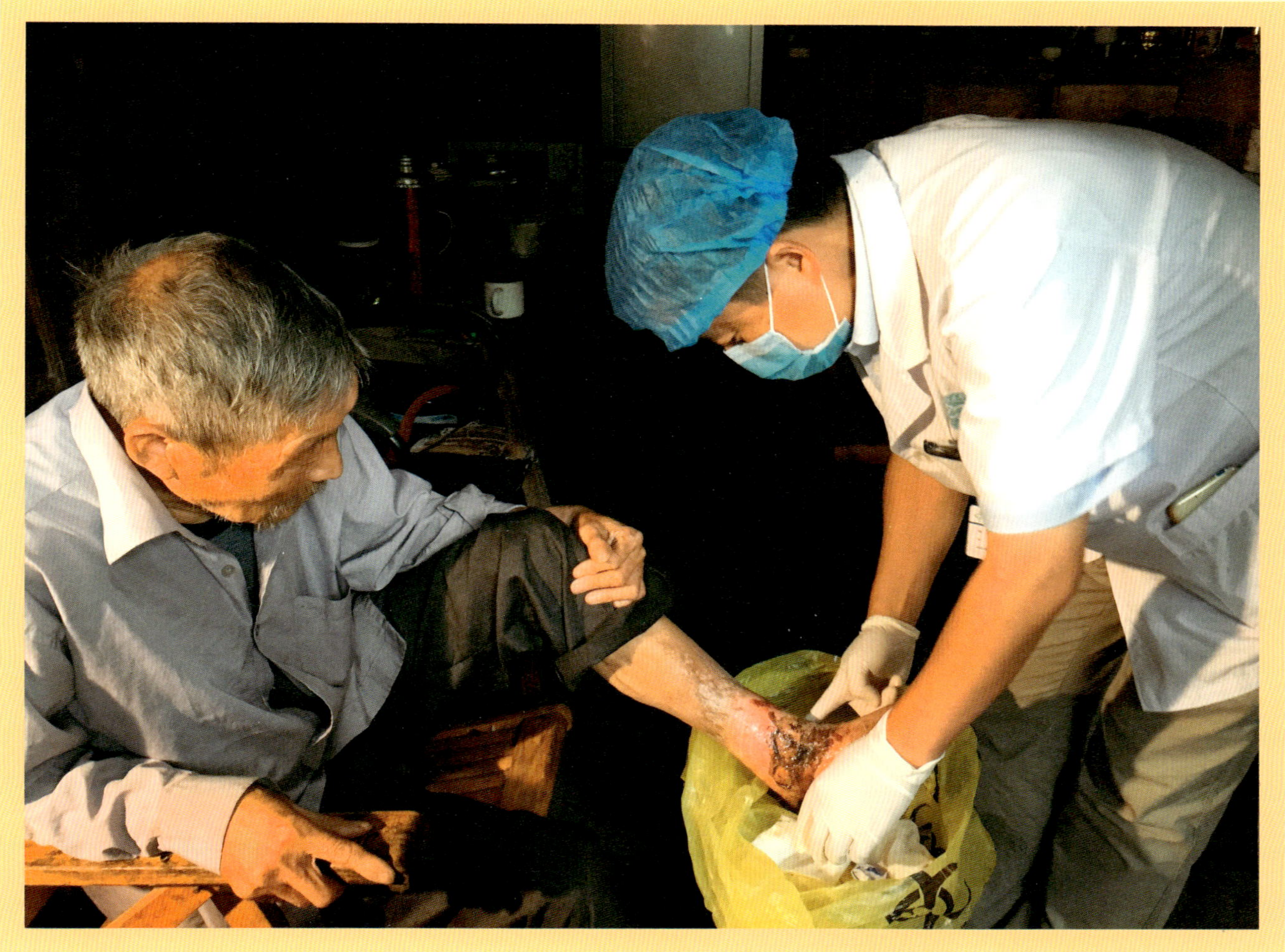

万少华（1972年3月—），男，汉族，中共党员，江西铅山人，浙江省衢州市柯城区人民医院党委书记。2009年，他在全国率先组建了“日军细菌战烂脚病”救助小组，长期义务上门为抗日战争时期日军细菌战的受害者治疗“烂脚病”。坚持十年如一日，利用节假日休息时间，克服困难、风雨无阻，免费为烂脚老人医治换药，先后上门换药3000余人次，发放药品、随访3200余人次，回收、销毁医疗垃圾1600余公斤。他的行动，既是对“烂脚病”老人身体和心灵创伤的救治，更是对民族伤痛的抚慰。荣获全国优秀共产党员、时代楷模称号。

张　飚

新疆维吾尔自治区石河子市人民检察院监所检察科原正科级检察员

张飚（1952年9月—），男，汉族，中共党员，陕西蒲城人，新疆维吾尔自治区石河子市人民检察院监所检察科原正科级检察员。他扎根基层检察院31年，始终坚持以人民为中心的思想，矢志不移捍卫法治、伸张正义，坚守防止冤假错案的底线，用实际行动诠释了对宪法法律的无限忠诚、对公平正义的执着坚守、对人民群众的公仆情怀，是践行忠诚干净担当要求的模范检察官。荣立二等功1次、三等功2次，荣获改革先锋、全国优秀共产党员、全国模范检察官等称号。

黄文秀

广西壮族自治区百色市党委宣传部干部、乐业县新化镇百坭村原第一书记

黄文秀（1989年4月—2019年6月），女，壮族，中共党员，广西田阳人，广西壮族自治区百色市党委宣传部干部、乐业县新化镇百坭村原第一书记。她于北京师范大学毕业后回到百色革命老区工作，2018年初主动请缨到百坭村任第一书记，工作表现突出。2019年6月16日晚，冒雨开车返回工作岗位途中遭遇山洪，不幸因公牺牲，年仅30岁。习近平总书记对黄文秀同志先进事迹作出重要指示，褒扬她用美好青春诠释了共产党人的初心使命，谱写了新时代的青春之歌。被追授时代楷模、全国脱贫攻坚模范、全国三八红旗手等称号以及全国五一劳动奖章、中国青年五四奖章。

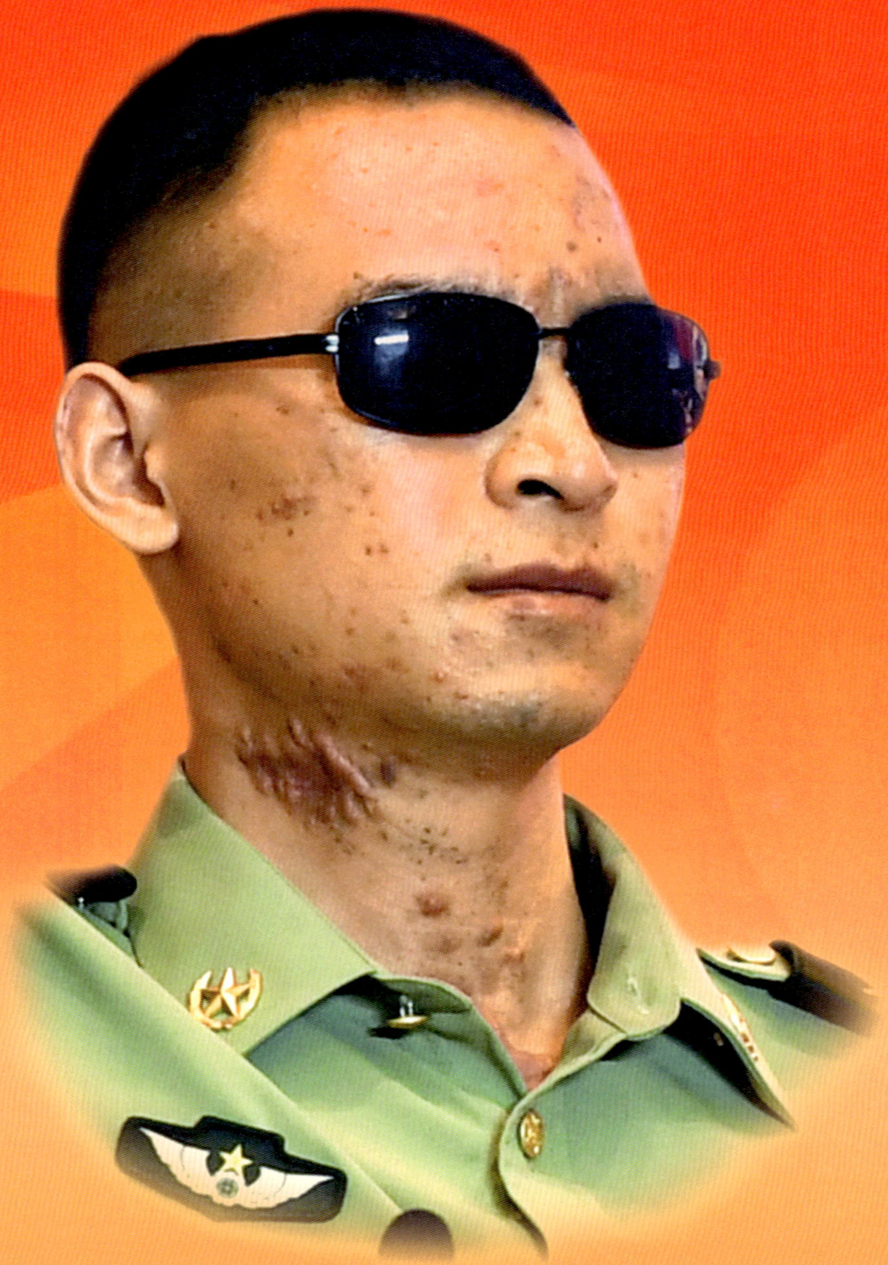

杜富国

陆军某扫雷排爆大队战士

杜富国（1991年11月—），男，汉族，中共党员，贵州湄潭人，2010年12月入伍，陆军某扫雷排爆大队战士。2015年6月他主动请缨参加边境扫雷行动，为人民利益勇闯雷场，为边境安宁挥洒热血，为战友安危舍身忘己，任务面前、关键时刻、危急关头处处叫响“让我来”。2018年10月在排雷作业时突遇爆炸，将战友护在身后，自己却身受重伤，永远失去双眼双手。被中央军委授予排雷英雄战士荣誉称号，荣立一等功1次，荣获全国自强模范称号。2019年被授予时代楷模称号。

伟大历程　辉煌成就
英雄模范人物

庆祝中华人民共和国成立70周年
大型成就展领导小组办公室
编

版权所有　侵权必究

侵权举报电话：+86-10-63906404
如有印装质量问题，请寄本社营销发行部调换

ISBN 978-7-5182-1116-6

图书在版编目（CIP）数据

伟大历程　辉煌成就．英雄模范人物 / 庆祝中华人民共和国成立70周年大型成就展领导小组办公室编．—北京：中国计划出版社，2020.9
（庆祝中华人民共和国成立70周年大型成就展专题画册）
ISBN 978-7-5182-1116-6

Ⅰ．①伟…　Ⅱ．①庆…　Ⅲ．①社会主义建设成就—中国②英雄模范事迹—中国—现代　Ⅳ．①D619②K820.6

中国版本图书馆CIP数据核字（2019）第294642号

中国计划出版社出版
网址：www.jhpress.com
地址：北京市西城区木樨地北里甲11号国宏大厦C座3层
邮政编码：100038
电话：+86-10-63906433（营销发行部）
新华书店经销

责任编辑：朱　冰
责任校对：杨奇志
责任印制：赵文斌　李　晨
装帧设计：张志奇　麻莉敏
美术编辑：韩可斌
北京雅昌艺术印刷有限公司印刷

260mm×370mm　1/8
36印张　281千字
2020年9月第1版
2020年9月第1次印刷
ISBN 978-7-5182-1116-6
定价：600.00元